Marko Heise

Methoden zur Online-Unterstützung des Vertriebs von
produkten

Bibliografische Information der Deutschen Nationalbibliothek:

Bibliografische Information der Deutschen Nationalbibliothek: Die Deutsche Bibliothek verzeichnet diese Publikation in der Deutschen Nationalbibliografie; detaillierte bibliografische Daten sind im Internet über http://dnb.d-nb.de/ abrufbar.

Copyright © 2002 Diplomica Verlag GmbH
Druck und Bindung: Books on Demand GmbH, Norderstedt Germany
ISBN: 9783838670003

http://www.diplom.de/e-book/222310/methoden-zur-online-unterstuetzung-des-vertriebs-von-komplexen-versicherungsprodukten

Marko Heise

Methoden zur Online-Unterstützung des Vertriebs von komplexen Versicherungsprodukten

Diplom.de

Marko Heise

Methoden zur Online-Unterstützung des Vertriebs von komplexen Versicherungsprodukten

Diplomarbeit
an der Universität Leipzig
Wirtschaftswissenschaftliche Fakultät
März 2002 Abgabe

Diplom.de

Diplomica GmbH ————
Hermannstal 119k ————
22119 Hamburg ————

Fon: 040 / 655 99 20 ————
Fax: 040 / 655 99 222 ————

agentur@diplom.de ————
www.diplom.de ————

ID 7000

ID 7000
Heise, Marko: Methoden zur Online-Unterstützung des Vertriebs von komplexen
Versicherungsprodukten
Hamburg: Diplomica GmbH, 2003
Zugl.: Fachhochschule Südwestfalen, Universität, Diplomarbeit, 2002

Diplomica GmbH
http://www.diplom.de, Hamburg 2003
Printed in Germany

Das Potenzial des Internet als Vertriebskanal für "komplexe" Versicherungsprodukte wird immer noch nicht ausgeschöpft.

Hauptursache dafür ist die mangelnde Ausrichtung der Informationsbereitstellung am einzelnen Kunden.

Eine intelligente Gestaltung der Benutzerschnittstelle sowie eine kundenindividuelle Informationsbereitstellung, bspw. durch Personalisierung und Visualisierung können den Erfolg des Internet als Vertriebskanal für "komplexe" Versicherungsprodukte maßgeblich steigern.

Im Rahmen dieser Diplomarbeit wurden Ursachen für die Komplexität eines Versicherungsproduktes aus Kundensicht untersucht und Methoden und Instrumente zur Komplexitätsreduzierung aufgezeigt.

Inhaltsverzeichnis

Abbildungsverzeichnis

Tabellenverzeichnis

Abkürzungsverzeichnis

a.a.O.	am angegebenen Ort
Abb.	Abbildung
AG	Aktiengesellschaft
Aufl.	Auflage
bspw.	beispielsweise
bzw.	beziehungsweise
f.	folgende
ff.	fortfolgende
hrsg.	herausgegeben
Hrsg.	Herausgeber
Kap.	Kapitel
Kfz-Haftpflicht	Kraftfahrzeug-Haftpflicht
MEZ	mitteleuropäische Zeit
o.A.	ohne Angaben
S.	Seite
u.a.	und andere
URL	uniform resource locator
vgl.	vergleiche
VVG	Versicherungsvertragsgesetz
VW	Versicherungswirtschaft
z.B.	zum Beispiel
ZVersWiss	Zeitschrift für die gesamte Versicherungswissenschaft

1 Einleitung

1.1 Motivation der Arbeit

Obwohl sich anfängliche Erwartungen in den Vertrieb von Versicherungsprodukten über das Internet nicht erfüllt haben, kann das Potenzial dieses Mediums zumindest als vertriebsunterstützender Kanal nicht von der Hand gewiesen werden. Dafür spricht sowohl die steigende Anzahl der Internetnutzer, als auch die Tatsache, dass Kunden im Bezug auf Versicherungen immer selbständiger werden und aktiv Informationen einholen.[1, 2]

Gleichzeitig wird es aufgrund der kontinuierlich ansteigenden Informationsmenge für den Kunden immer schwieriger, die für ihn relevanten Informationen zu finden.[3]

Verursacht wird diese Informationsflut beispielsweise durch die aus der Deregulierung resultierende Vielfalt an Versicherungsprodukten und -tarifen. Diese Vielfalt wird durch das zunehmende Angebot an Alternativprodukten branchenfremder Unternehmen[4] noch erhöht und verursacht beim Kunden ein Bedürfnis nach einer strukturierten und individuell angepassten Informationsbereitstellung.[5] Hierin besteht eine zentrale Aufgabe von Versicherungsvermittlern.

Da Kunden im Kaufprozess zunehmend das Internet zur Informationsbeschaffung einsetzen[6], wird die Notwendigkeit der gezielten Nutzung dieses Mediums als vertriebsunterstützenden Kanal deutlich. Dazu ist im Internet eine kundenindividuelle Informationsbereitstellung notwendig, die dem qualitativen Standard klassischer Vertriebskanäle möglichst nahe kommt.

Dies gilt insbesondere für die Unterstützung des Vertriebs von ‚komplexen' Versicherungsprodukten. Die Informationsbereitstellung sollte dabei an den voneinander abweichenden intellektuellen Fähigkeiten, den Vorkenntnissen

---

[1] vgl. Erdmann, G.: Individuelle Risikovorsorgeberatung, Wiesbaden 1999, S. 1
[2] vgl. Leidigkeit, W. A.: Internetpräsenz wichtiger denn je, URL: http://www.versicherungsjournal.de/mehr_fs.asp?Nummer=2179&archiv=ja, Stand 11.01.2002, Abruf: 11.01.2002, MEZ 12.15 Uhr
[3] Probst, G. / Raub, S. / Romhardt, K.: Wissen managen, 3. Aufl., Wiesbaden 1999, S. 24
[4] vgl. Köhne, T. / Koch, G.: Die Virtuelle Versicherung – ein Phänomen zwischen Organisationsform, Electronic Commerce und Virtueller Realität, in: Versicherungswirtschaft, (54) 1999, S. 1820
[5] vgl. Erdmann, G.: Individuelle Risikovorsorgeberatung, a.a.O., S. 17
[6] vgl. NFO Infratest (Hrsg.): Europa im Internet, URL: http://www.ecommerce-trends.de/0143_04.htm, Stand: 25.10.2001, Abruf: 14.03.2002, MEZ: 17.21 Uhr

sowie am individuellen Kaufverhalten einzelner Kundentypen ausgerichtet sein.

Diesem Aspekt werden viele Webauftritte von Versicherungsunternehmen zur Zeit nicht gerecht.[7]

In dieser Arbeit wird aufgezeigt, wie durch den Einsatz geeigneter Online-Methoden im Rahmen des Webauftritts eines Versicherungsunternehmens eine kundenindividuelle Informationsbereitstellung gewährleistet werden kann. Ziel ist dabei die Vertriebsunterstützung durch Unterstützung des Kunden im Entscheidungsprozess.

1.2 Aufbau der Arbeit

Nach einem einleitenden Überblick über die aktuelle Marktsituation werden im zweiten Kapitel verschiedene wissenschaftliche Versicherungsprodukt-konzepte vorgestellt und daraus wesentliche Eigenschaften eines Versicherungsproduktes abgeleitet. Von besonderer Bedeutung ist in diesem Zusammenhang die Immaterialität von Versicherungsprodukten und die daraus resultierende Erklärungsbedürftigkeit.

Im dritten Kapitel wird untersucht, welche Faktoren die Komplexität eines Versicherungsprodukts beeinflussen. Dabei wird dargestellt, dass Komplexität keine Determinante, sondern das Ergebnis individueller Wahrnehmung des Kunden im Kaufprozess ist. Diese Wahrnehmung wird durch seine intellektuellen Fähigkeiten und Umweltfaktoren beeinflusst. An dieser Stelle wird verdeutlicht, dass die Voraussetzung für eine Vertriebsunterstützung eine ausreichende Reduzierung dieser empfundenen Komplexität ist.

Im vierten Kapitel werden verschiedene Vertriebskanäle dargestellt. Insbesondere wird auf die Bedeutung des persönlichen Beratungsgespräches für eine kundenindividuelle Komplexitätsreduzierung eingegangen.

---

[7] vgl. CSC Ploenzke AG (Hrsg.): Unterschiede im Internetauftritt von Versicherungen,
URL:
http://www.cscploenzke.de/de/press/20020129_internetauftritt_versicherungen/index.cfm,
Stand: 22.01.2002, Abruf: 03.02.2002, MEZ 22.30 Uhr

Durch die Anwendung geeigneter Methoden im Rahmen des Webauftritts eines Versicherungsunternehmens ist eine solche kundenindividuelle Komplexitätsreduzierung auch im Internet möglich. Voraussetzung dafür ist eine Kundentypologie, die Aussagen über das individuelle Komplexitätsempfinden eines Kunden im Kaufprozess zulässt. Die Auswahl einer geeigneten Kundentypologie erfolgt in *Kapitel 5*.

Im Anschluss daran werden im Kapitel 6 verschiedene, auf einer Versicherungswebsite anwendbare, Maßnahmen und Mechanismen vorgestellt, die komplexitätsreduzierend wirken können und somit zur Vertriebsunterstützung beitragen. Dabei wird insbesondere auf die Wirkung dieser Maßnahmen und Mechanismen auf die definierten Kundentypen eingegangen.

Um den Erfolg dieser vertriebsunterstützenden Maßnahmen sicherzustellen, müssen bestimmte Rahmenbedingungen im Unternehmen erfüllt werden. Auf diese wird ansatzweise im Kapitel 7 eingegangen.

Das abschließende Kapitel 8 fasst die wichtigsten Maßnahmen und Mechanismen zur Komplexitätsreduzierung noch einmal zusammen und gibt einen Ausblick in die Zukunft des Internets als Vertriebskanal ‚komplexer Versicherungsprodukte.

1.3 Begriffliche Abgrenzungen und Eingrenzung des Betrachtungsraumes

1.3.1 Kunde

Grundsätzlich ist der Begriff „Kunde" durch eine bestehende Geschäftsbeziehung zu einem Unternehmen definiert.[8] Davon abzugrenzen sind potenzielle Kunden bzw. Interessenten.

Im Versicherungsgeschäft unterscheidet man weiterhin zwischen Neukunden und Bestandskunden, wobei diese wiederum Bestandskunden im Neugeschäft oder Bestandskunden im Erweiterungsgeschäft sein können.[9]

---

[8] vgl. Farny, D.: Versicherungsbetriebslehre, Karlsruhe 1995, S. 85
[9] vgl. Mertens, M.: Kundentypologien im Versicherungsgeschäft mit Privatkunden, Bergisch Gladbach / Köln 1992, S. 60 f.

Die in dieser Diplomarbeit dargestellten Zusammenhänge gelten für Neu- und Bestandskunden gleichermaßen und machen somit eine solche Unterscheidung nicht zwingend erforderlich. Aus diesem Grund und aus Gründen der Verständlichkeit wird deshalb der Begriff „Kunde" oder „Versicherungskunde" synonym für alle oben genannten Begriffe verwendet. Sollte einen genaue Unterscheidung der Begriffe erforderlich sein, wird diese an den betreffenden Stellen explizit vorgenommen.

1.3.2 Kaufverhalten

Das Kaufverhalten beschreibt das Informationsbeschaffungs- und -verarbeitungsverhalten eines Kunden im Kaufprozess und wird durch kognitive Fähigkeiten beeinflusst. In diesem Zusammenhang werden auch die Begriffe „Entscheidungsprozess" und „Entscheidungsverhalten" gebraucht, weil am Ende eines Kaufprozesses in der Regel einen Entscheidung steht. (siehe Kapitel 3.2)

1.3.3 Komplexität

Im Rahmen dieser Diplomarbeit wird aufgezeigt, dass Komplexität keine absolute Größe ist, sondern das Ergebnis individueller Wahrnehmung des Kunden im Kaufprozess. Sie wird von seinen intellektuellen Fähigkeiten und vorhandenen Umweltfaktoren beeinflusst und ist damit für jeden Kunden unterschiedlich. (siehe Kapitel 3)
Damit wird ersichtlich, dass die Bezeichnung „komplexes Versicherungsprodukt" nicht eindeutig ist. Um auf diesen Sachverhalt hinzuweisen und aus Vereinfachungsgründen wird im Folgenden der Begriff ‚komplex' in Anführungszeichen gesetzt, wenn er in Verbindung mit dem Begriff „Versicherungsprodukt" gebraucht wird.

1.3.4 Vertrieb

Laut *Farny* kann der Vertrieb als „... Verwertung der im Versicherungsunternehmen erstellten Leistungen in Form von Versicherungsschutz am Absatzmarkt"[10] verstanden werden. Gleichbedeutende Bezeichnungen für den Vertrieb sind auch Absatz oder Verkauf.[11]

‚Komplexe' Versicherungsprodukte können über verschiedene Kanäle vertrieben werden. Hier seien insbesondere die indirekten Vertriebskanäle wie der persönliche Vertrieb über Ausschließlichkeitsvermittler, Versicherungsmakler und Banken sowie der Direktvertrieb über firmeneigene Call-Center und firmeneigene Websites erwähnt.[12]

1.3.5 Vertriebsunterstützung

Vertriebsunterstützung[13] umfasst nach *Farny* alle Maßnahmen, besonders kommunikativer Art, die den Vertrieb von Versicherungsprodukten fördern.[14] Im Sinne dieser Arbeit wird die Definition folgendermaßen konkretisiert: Vertriebsunterstützung umfasst alle Maßnahmen bis zum Zeitpunkt der Kaufentscheidung, die zu einer Reduzierung der wahrgenommenen Komplexität im Kaufprozess führen.

Da Kunden sowohl direkt angesprochen werden können als auch indirekt über Versicherungsvermittler, unterscheidet man bei der Vertriebsunterstützung zwischen Maßnahmen, die direkt auf den Kunden ausgerichtet sind und solchen, die auf den Vermittler gerichtet sind.

Aufgrund des begrenzten Rahmens dieser Arbeit werden ausschließlich kundenbezogene Maßnahmen zur Vertriebsunterstützung betrachtet.

Des weiteren wird aufgrund der Themenstellung dieser Arbeit eine Fokussierung auf die Online-Unterstützung des Vertriebs vorgenommen. Der Begriff „Online" deutet in diesem Zusammenhang auf eine mittels Telekommunikationsnetzwerk hergestellte Verbindung zu einem System, womit ein Datenaustausch in Echtzeit verbunden ist.[15]

---

[10] Farny, D.: Versicherungsbetriebslehre, a.a.O., S. 573
[11] vgl. ebenda, S. 573
[12] vgl. ebenda, S. 622 ff.
[13] Farny spricht in diesem Zusammenhang auch von Absatzförderung.
vgl. Farny, D.: Versicherungsbetriebslehre, a.a.O., S. 573 und 618
[14] vgl. ebenda, S. 618
[15] vgl. o.V.: Online Datenaustausch zwischen Bund und Kantonen - Untersuchungsbericht der Verwaltungskontrolle des Bundesrates der Schweiz,
URL: http://www.admin.ch/ch/d/vkb/berichte/29/29ubd-13.html,
Stand: 1997, Abruf: 23.02.2002, MEZ: 19.33 Uhr

Das Internet, als ein offener Netzwerkverbund zwischen Computern auf der Basis des Netzwerkprotokolls TCP/IP weist die zentralen Merkmalen des Begriffs „online" auf. Es basiert auf einem Telekommunikationsnetzwerk, das verschiedene Systeme (Computer) miteinander verbindet und so den Datentransfer in Echtzeit ermöglicht.[16]

In der Praxis ist häufig ein synonymer Gebrauch der Begriffe „online" und „im Internet" zu beobachten.

Zur Eingrenzung der Thematik und um dem sprachlichen Gebrauch des Begriffs „online" gerecht zu werden, werden unter Online-Unterstützung des Vertriebs alle Maßnahmen verstanden, die im Internet durchgeführt werden können. Dabei wird insbesondere auf Gestaltungsfragen des Webauftritts eines Versicherungsunternehmens fokussiert, weil die Website die Schnittstelle zum Kunden darstellt.

1.3.6 Methoden zur Unterstützung des Vertriebs

Ziel dieser Arbeit ist es, Methoden zur Online-Unterstützung des Vertriebs von ‚komplexen' Versicherungsprodukten aufzuzeigen.

Unter dem Begriff „Methode" werden Wege, Verfahren und Vorgehensweisen zur Erreichung eines definierten Zieles subsumiert.[17]

Im Sinne dieser Arbeit beschreibt der Begriff „Methode" den Einsatz und die Kombination bestimmter Maßnahmen, Mechanismen und Instrumente zur Reduzierung der Komplexität im Kaufprozess.

---

[16] vgl. Deutsch, M.: Electronic Commerce, 2. Aufl., Braunschweig / Wiesbaden 1999, S. 17 ff.
[17] vgl. o.V.: Stichwortverzeichnis Enzyklopädie,
URL: http://encarta.msn.de/find/search.asp?search=methode&x=21&y=10,
Stand: o.A., Abruf: 22.01.2002, MEZ: 14.33 Uhr

2 Das Versicherungsprodukt

2.1 Überblick über Produktkonzepte

Um sich mit der Problematik des Online-Vertriebs von ‚komplexen' Versicherungsprodukten auseinander setzen zu können, ist im Vorfeld zu klären, was ein Versicherungsprodukt generell auszeichnet und wodurch die Komplexität bei speziellen Ausprägungen von Versicherungsprodukten zu Stande kommt. Dazu werden in einem ersten Schritt wissenschaftliche Ansätze zur generellen Beschreibung eines Versicherungsproduktes vorgestellt.

In der Versicherungsbetriebslehre, die überwiegend durch Ableitungen der allgemeinen Betriebswirtschaftslehre entwickelt wurde[18], haben sich drei Basiskonzepte zur wissenschaftlichen Beschreibung des Versicherungsproduktes etabliert:

1. das produktionstheoretische Konzept,
2. das systemorientierte Produktkonzept und
3. das Informationskonzept der Versicherung.[19]

2.2 Das produktionstheoretische Konzept

Im produktionstheoretischen Konzept wird davon ausgegangen, dass Versicherungsschutz durch den Einsatz und die Kombination spezieller Produktionsfaktoren hergestellt wird.[20] Das Versicherungsprodukt als solches wird durch die Bestandteile Risikogeschäft, Spar- / Entspargeschäft (optional) und Dienstleistungsgeschäft determiniert.[21]

Das Risikogeschäft bildet dabei den Kern des Versicherungsproduktes und umfasst den Transfer individueller Risiken vom Versicherungsnehmer zum Versicherer gegen Zahlung einer Prämie.[22]

Spezielle Versicherungsformen, insbesondere in der Lebens- und Krankenversicherung, sind mit Spar- / Entspargeschäften[23] verbunden.[24]

---

[18] Farny, D.: Versicherungsbetriebslehre, a.a.O., S. 2
[19] vgl. ebenda, S. 2 ff.
[20] vgl. Haller, M.: Produkt- und Sortimentsgestaltung, in: Handwörterbuch der Versicherung HdV, hrsg. von Farny, D. u.a., Karlsruhe 1988, S. 561
[21] vgl. Farny, D.: Versicherungsbetriebslehre, a.a.O., S. 14
[22] vgl. ebenda, S. 25

Das Dienstleistungsgeschäft umrahmt die genannten Bestandteile eines Versicherungsproduktes und operationalisiert diese.

Generell wird das Versicherungsprodukt im produktionstheoretischen Konzept als ein reales immaterielles Wirtschaftsgut betrachtet, das auf permanenten Produktionsprozessen basiert. Die Produktwahrnehmung des Kunden umfasst vor allem die Absatz- und Serviceleistungen sowie die Bearbeitung von Versicherungsverträgen und -fällen.[25]

2.3 Das systemorientierte Produktkonzept

Dem systemorientierten Produktkonzept liegt die Betrachtung des Versicherungsunternehmens als ein offenes System zu Grunde. Aus internen und externen Einflüssen resultieren kontinuierliche Anpassungen des Versicherungsunternehmens und seiner Marktleistungen, die durch die Produktpolitik gesteuert werden. Grundlage der Produktpolitik ist dabei die Beschreibung des Versicherungsproduktes durch drei aufeinander aufbauende Ebenen.

Die erste Ebene stellt das Kernprodukt dar und wird als eigentlicher Versicherungsschutz (inkl. Spar- / Entspargeschäften) verstanden. Der Versicherungsschutz wird hierbei als die Versicherungsdeckung im Schadensfall (materielle Komponente) und ein dadurch entstehendes inneres Sicherheitsgefühl beim Versicherungsnehmer (immaterielle Komponente) charakterisiert.

In der zweiten Ebene wird untersucht, welche Leistungen des Versicherers die Bedürfnisse des Kunden erfüllen können und welche Kombinationen aus Versicherungsschutz und Dienstleistungen dafür geeignet sind. Da sich diese Problemlösung ausschließlich auf das Kernprodukt „Versicherungsschutz" bezieht, wird sie als Kern-Marktleistung bezeichnet.

Die dritte Ebene erweitert die Kern-Marktleistung um zusätzliche Leistungsfunktionen durch die Kombination mit verschiedenartigen Produkten und

---

[23] Ein Spar- / Entspargeschäft ist dadurch gekennzeichnet, dass in der Gesamtprämie neben der reinen Risikoprämie ein Sparanteil enthalten ist, der zur Bildung einer Alterungsrückstellung verwendet wird. In späteren Lebensjahren wird diese Alterungsrückstellung wieder aufgelöst. Dadurch ist es möglich, die Gesamtprämie trotz steigender Risikoprämie konstant zu halten.
siehe hierzu: Farny, D.: Versicherungsbetriebslehre, a.a.O., S. 41 f.
[24] vgl. ebenda, S.16
[25] vgl. Haller, M.: Produkt- und Sortimentsgestaltung, a.a.O., S. 561

Dienstleistungen. Hierbei geht es um eine umfassende Befriedigung der Kundenbedürfnisse.[26]

2.4 Das Informationskonzept der Versicherung

Das Informationskonzept interpretiert das Versicherungsprodukt auf eine Weise, die sich von den oben genannten Ansätzen unterscheidet. Ausgangspunkt ist die Informationsökonomik, die eine asymmetrische Informationsverteilung bei den Marktparteien zu Grunde legt.

Versicherungsschutz wird in diesem Zusammenhang als ein Informationsprodukt angesehen. Demnach gibt der Versicherer dem Versicherungsnehmer die sichere Information über den Erhalt eines spezifischen Zustandes seiner Wirtschaftslage. Beim Versicherungsnehmer wird damit die Unsicherheit über die Auswirkungen von zukünftigen Ereignissen auf versicherte Objekte reduziert. Selbstverständlich können zukünftige Schadenfälle nicht ausgeschlossen werden. Jedoch verpflichtet sich der Versicherer, durch die abgegebene Zustandsgarantie, Vermögensverluste, die durch den Eintritt eines Schadens entstehen, auszugleichen.[27] Das Informationsdefizit über zukünftige wirtschaftliche Zustände wird dadurch beim Versicherungsnehmer reduziert.

2.5 Zusammenfassung und Schlussfolgerungen

Die obengenannten wissenschaftlichen Ansätzen weisen einige Gemeinsamkeiten im Hinblick auf Besonderheiten von Versicherungsprodukten auf. Sie betrachten das eigentliche Versicherungsprodukt grundsätzlich als ein immaterielles Wirtschaftsgut, das faktisch ein weitgehend juristisches Gebilde ist. Die Grundlage dafür bilden die gesetzlichen Bestimmungen des Versicherungsvertragsgesetzes (VVG) und die vertraglichen Vereinbarungen der Versicherungsbedingungen.[28]

---

[26] vgl. Haller, M.: Produkt- und Sortimentsgestaltung, a.a.O., S. 562
[27] vgl. Köhne, T.: Zur Konzeption des Versicherungsproduktes – neue Anforderungen in einem deregulierten Markt, in: Zeitschrift für die gesamte Versicherungswissenschaft, Heft 1 / 2 1998, S. 161
[28] vgl. Mertens, M.: Kundentypologie im Versicherungsgeschäft, a.a.O., S. 35

Da Versicherungsprodukte, bis auf das Trägermedium, keine physische Substanz haben, können sie dementsprechend nur bedingt sinnlich wahrgenommen werden. Sie müssen vielmehr intellektuell durch Verstehen erfasst werden. Des weiteren ist der Nutzen eines Versicherungsproduktes für den Versicherungskunden, aufgrund seiner Zukunftsorientierung und der daraus resultierenden Zufälligkeit, nur schwer zu bewerten.

Um schon im Vorfeld die Notwendigkeit eines solchen Sicherungsinstrumentes zu erkennen, muss der Versicherungskunde seine wirtschaftliche Risikosituation rational einschätzen können. Der Mehrheit der Bevölkerung ist dies, aufgrund der Vielzahl von Einflussfaktoren und Umweltbedingungen, objektiv nur teilweise möglich. Erschwerend kommt die meist komplizierte Gestaltung und Beschreibung der Versicherungsprodukte in den oben genannten Vertragsbedingungen hinzu. An dieser Stelle wird der Erklärungs- und Beratungsbedarf erkennbar.[29, 30]

In der Praxis wird, insbesondere aus Kundensicht, oftmals zwischen einfachen Versicherungsprodukten (z.B. eine Reisekrankenversicherung) und komplexen Versicherungsprodukten (z.B. eine Rentenversicherung) unterschieden. Festgemacht wird eine solche Einordnung meist an einer mehr oder weniger großen Anzahl von Produktmerkmalen, die einen geringeren oder höheren Kommunikationsaufwand zwischen Versicherer und Versicherungsnehmer erfordern. Eine genaue Zuordnung einzelner Versicherungsproduktformen kann auf dieser Basis jedoch nicht vorgenommen werden. Komplexität ist keine Determinante, sondern eine individuell wahrgenommene Empfindung.[31] Speziell im Kaufprozess variiert das Komplexitätsempfinden stark zwischen einzelnen Kundentypen und beeinflusst damit das Verständnis bezüglich Nutzen und Verwendung eines Versicherungsproduktes.[32] Im Folgenden werden Ansatzpunkte zu Erklärung dieses individuell variierenden Komplexitätsempfindens aufgezeigt.

---

[29] vgl. Mertens, M.: Kundentypologie im Versicherungsgeschäft, a.a.O., S. 30
[30] vgl. Farny, D.: Versicherungsbetriebslehre, a.a.O., S.15
[31] vgl. Bosselmann, E.H.: Versicherungsmakler und deregulierte Versicherungsmärkte, Frankfurt a. M. 1993, S. 39 f.
[32] vgl. Reither, F.: Komplexitätsmanagement – Denken und Handeln in komplexen Situationen, München 1997, S. 11

3 Komplexität von Versicherungsprodukten als Ergebnis individueller Wahrnehmung

3.1 Vorüberlegungen

Um die im Kaufprozess wahrgenommene Komplexität untersuchen zu können, ist der schematische Ablauf eines Kaufprozesses zu betrachten. Dazu ist im Vorfeld zu klären, welche Bedeutung Informationen im Kaufprozess haben.

Informationen können auch als beseitigte Unsicherheiten verstanden werden bzw. entstehen Unsicherheiten durch fehlende Informationen.[33] Ein Versicherungskunde befindet sich demnach in einer Unsicherheitssituation, wenn er im Entscheidungsprozess unvollständig über relevante Produktmerkmale und Umweltfaktoren informiert ist. Werden Entscheidungen unter Unsicherheit getroffen, entsteht für den Versicherungskunden eine Risikosituation, da er mögliche Konsequenzen der Kaufentscheidung nicht ausreichend einschätzen kann.[34]

3.2 Der Kaufprozess aus Kundensicht

Der Kaufprozess eines ‚komplexen' Versicherungsproduktes beschränkt sich nicht auf die eigentliche Kaufentscheidung, sondern besteht aus vor- und nachgelagerten Einzelprozessen. (siehe Abbildung 1)

Abbildung 1: Der Kaufprozess
(Quelle: Kotler, P. / Bliemel, F.: Marketing Management, 8. Aufl., Stuttgart 1995, S. 309)

---

[33] vgl. Goldammer, G.: Informatik für Wirtschaft und Verwaltung, 1. Auflg., Wiesbaden 1994, S.13
[34] vgl. Bosselmann, E.H.: Versicherungsmakler und deregulierte Versicherungsmärkte, a.a.O., S. 9

1. Bedürfniserkennung:

Zu Beginn eines Kaufprozesses steht die Bedürfniserkennung, indem der Kunde einen Mangel in seiner momentanen Situation verspürt. Im Zusammenhang mit Versicherungsprodukten äußert sich dieses Bedürfnis meist in einem mangelnden Sicherheitsgefühl.[35] Gründe für das Entstehen eines Absicherungsbedürfnisses können bspw. die Marketingaktivitäten eines Versicherungsunternehmens oder rechtliche Vorgaben (z.B. die Kfz-Haftpflicht) sein. Auch die Veränderung der aktuellen Lebensphase, die bspw. durch den Eintritt in das Berufsleben hervorgerufen wird, kann zu einer Veränderung der Risikosituation und damit zu einem veränderten Absicherungsbedürfnis führen. Berichterstattungen in den Medien verursachen zusätzlich eine Risikosensibilisierung der Bevölkerung.[36] Das gesteigerte Sicherheitsbedürfnis äußert sich in einer erhöhten Nachfrage nach Versicherungsschutz und - in diesem Zusammenhang - nach bedarfsgerechter Informationsbereitstellung.[37]

2. Informationssuche und -verarbeitung:

Durch eine mehr oder weniger gezielte Informationssuche und -verarbeitung versucht der Versicherungskunde im nächsten Schritt, Lösungen für die Befriedigung eines bestehenden Bedürfnisses zu finden. An dieser Stelle konkretisiert sich das Bedürfnis zu einem speziellen Bedarf.

Umfang und Art der einbezogenen Informationen hängen dabei stark vom Kaufverhalten des jeweiligen Kunden und den entstehenden Suchkosten ab.[38] Eine individuelle Präsentationsform und möglichst geringe Suchkosten der Informationen führen tendenziell dazu, dass mehr Informationen in den Entscheidungsprozess einbezogen werden.[39]

---

[35] Nach Maslow sind menschliche Bedürfnisse hierarchisch strukturiert, wobei den Hierarchieebenen verschiedene Prioritäten hinsichtlich der Bedürfniserfüllung zugeordnet werden. In der Reihenfolge ihrer Wichtigkeit werden physiologische, Sicherheits- und soziale Bedürfnisse sowie Anerkennungs- und Selbstverwirklichungsbedürfnisse unterschieden.
siehe hierzu: Kotler, P. / Bliemel, F.: Marketing Management, 8. Aufl., Stuttgart 1995, S. 297 f.
[36] vgl. Erdmann, G.: Individuelle Risikovorsorgeberatung, Wiesbaden 1999, S. 3
[37] vgl. ebenda, S. 3
[38] vgl. Tölle, K.: Das Informationsverhalten der Konsumenten, Frankfurt a.M. 1983, S. 110 f.
[39] vgl. Kroeber-Riel, W.: Konsumentenverhalten, 5. Aufl., München 1992, S. 262

Für die Kaufentscheidung bezüglich eines Versicherungsproduktes werden meist Informationen über den Produktnutzen, den Preis und die Qualität herangezogen.[40] Werden diese Informationen ungenügend oder in ungeeigneter Weise angeboten, kann das Risikoempfinden des Versicherungskunden im Kaufprozess nicht reduziert werden. In solchen Fällen wird es nicht zum Vertragsabschluss kommen.[41]

Das Engagement (siehe auch Kapitel 3.3.2.2.1), mit dem sich der Versicherungskunde dem Kaufprozess widmet, wirkt sich ebenfalls auf die Intensität der Informationsaufnahme aus. Steigende Kundenbeteiligung erhöht auch das Niveau von Informationssuche und -verarbeitung.[42]

3. Bewertung von Alternativen:

Die zur Verfügung stehenden Informationen werden vom Versicherungskunden permanent auf ihre Entscheidungsrelevanz hin überprüft. Da die menschliche Informationsverarbeitungskapazität eingeschränkt ist,[43] reduziert der Versicherungskunde die Informationen auf eine Menge, die das empfundene Entscheidungsrisiko ausreichend minimiert.[44] In den meisten Fällen werden die Informationen auf die oben genannten Merkmale Produktnutzen, Qualität und Preis beschränkt.[45] Anhand dieser Kriterien werden mögliche Alternativen gewählt und bewertet. Welche Produktmerkmale vorrangig kaufentscheidend sind, hängt dabei stark vom Kundentypen und dessen Lebenssituation ab.

4. Kaufentscheidung und Verhalten nach dem Kauf:

Die endgültige Entscheidung über den Kauf basiert letztendlich auf der Beurteilung der Produkteignung zur Bedürfnisbefriedigung, des Preis-Leistungs-Verhältnisses und der noch bestehenden Risikoempfindung. Die Stärke des empfundenen Risikos hängt wesentlich davon ab, inwieweit die Unsicherheiten, die vor der Informationssuche und -verarbeitung bestanden haben, re-

---

[40] vgl. Bosselmann, E.H., Versicherungsmakler und deregulierte Versicherungsmärkte, a.a.O., S. 157 f.
[41] vgl. ebenda, S. 8 f.
[42] vgl. Kroeber-Riel, W.: Konsumentenverhalten, a.a.O., S. 89
[43] vgl. Reither, F.: Komplexitätsmanagement, a.a.O., S. 14
[44] vgl. Kotler, P. / Bliemel, F.: Marketing-Management, a.a.O., S. 311 f.
[45] vgl. Bosselmann, E.H.: Versicherungsmakler und deregulierte Versicherungsmärkte, a.a.O., S. 157

duziert wurden.[46] Hat der Versicherungskunde sich für den Kauf des Produktes entschieden, folgt die letzte Phase des Kaufprozesses – das Verhalten nach dem Kauf.[47] Hier stellt sich beim Versicherungskunden ein Maß an Zufriedenheit oder Enttäuschung (kognitive Dissonanz) ein, das davon abhängt, inwieweit das Produkt den Erwartungen des Kunden gerecht wurde.[48] Beim Versicherungsprodukt besteht die Besonderheit, dass es dem Versicherungskunden direkt nach dem Vertragsabschluss nicht abschließend möglich ist, die Qualität des Produktes zu beurteilen, da diese sich auch über die Qualität der Schadenbearbeitung definiert.[49]

Innerhalb der ersten Phasen des Kaufprozesses bis zum Zeitpunkt der Kaufentscheidung entsteht für den Versicherungskunden ein mehr oder weniger stark ausgeprägtes Komplexitätsempfinden bezüglich der Entscheidungssituation.[50] Dieses Komplexitätsempfinden wird dabei auch durch die Intensität, mit der die einzelnen Phasen durchlaufen werden, beeinflusst. Die Intensität kann dabei in Abhängigkeit vom Preis eines Versicherungsproduktes variieren. Das bedeutet, dass die Höhe des Preises den Aufwand des Kunden innerhalb der einzelnen Phasen des Kaufprozesses bestimmen kann. Insbesondere die Phase „Informationssuche und –verarbeitung" kann bei geringen relativen Produktpreisen[51] verkürzt sein, weil der Aufwand im Verhältnis zum Preis subjektiv nicht gerechtfertigt ist. Demzufolge wird eine Auseinandersetzung des Kunden mit einer möglicherweise komplexen Problemstellung umgangen.[52]

Zur Präzisierung des Begriffs Komplexität muss im Folgenden der Frage nachgegangen werden, welche Faktoren die Komplexität einer Entscheidungssituation und damit auch die Informationsverarbeitungsprozesse des Versicherungskunden beeinflussen. Zu diesem Zweck kann auf den komple-

---

[46] vgl. Bosselmann, E.H.: Versicherungsmakler und deregulierte Versicherungsmärkte, a.a.O., S. 33 f.
[47] vgl. Kotler, P. / Bliemel, F.: Marketing-Management, a.a.O., S. 316 f.
[48] vgl. ebenda, S. 316
[49] vgl. Gericke, S.: Customer Relationship Management in der Assekuranz, a.a.O., S. 5
[50] vgl. Bosselmann, E.H.: Versicherungsmakler und deregulierte Versicherungsmärkte, a.a.O., S. 35 f.
[51] Zur Beurteilung der Höhe eines Preises ist dieser im Zusammenhang mit dem verfügbaren Einkommen des Kunden bzw. mit seinem Gesamtvermögen zu betrachten (relativer Preis).
[52] vgl. Tölle, K.: Das Informationsverhalten der Konsumenten, a.a.O., S. 112 f.

xitätstheoretischen Ansatz von *Schroder, Driver und Streufert* zurückgegriffen werden.[53, 54, 55]

3.3 Wahrgenommene Komplexität im Kaufprozess

Die empfundene Komplexität innerhalb eines Kaufprozesses wird einerseits durch die individuellen Fähigkeiten und Leistungen der Informationsverarbeitung einer Person (kognitive Komplexität) und anderseits durch Faktoren der Umwelt (Umweltkomplexität) beeinflusst.[56] Die Umweltkomplexität ergibt sich aus der Komplexität der Problemstellung (Informationskomplexität) und den situativen Einflüssen (Situationskomplexität), die auf eine Person einwirken.[57] Folgende Abbildung (siehe Abbildung 2) gibt einen Überblick über die Ursachen der empfundenen Komplexität im Kaufprozess.

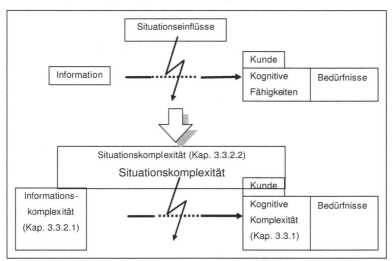

Abbildung 2: Ursachen für die empfundene Komplexität im Kaufprozess
(eigene Darstellung)

---

[53] vgl. Bosselmann, E.H.: Versicherungsmakler und deregulierte Versicherungsmärkte, a.a.O., S. 36 ff.
[54] vgl. Tölle, K.: Das Informationsverhalten der Konsumenten, a.a.O., S. 120 ff.
[55] vgl. Kupsch, P. / Hufschmied, P.: Wahrgenommenes Risiko und Komplexität der Beurteilungssituation als Determinanten der Qualitätsbeurteilung, in: Konsumentenverhalten und Information, hrsg. von Meffert, H. u.a., Wiesbaden 1979, S. 228 ff.
[56] vgl. Bosselmann, E.H.: Versicherungsmakler und deregulierte Versicherungsmärkte, a.a.O., S. 36 ff.
[57] vgl. ebenda, S. 36 ff.

3.3.1 Komplexitätsbeeinflussende Kundenmerkmale (kognitive Komplexität)

Die Fähigkeiten und Leistungen der Informationsverarbeitung eines Kunden werden als kognitive Fähigkeiten bezeichnet und können auch als Grad des Verstehens von komplexen Sachverhalten interpretiert werden.[58] In Abhängigkeit von den kognitiven Fähigkeiten des Kunden unterscheiden sich auch die Informationsbeschaffungsaktivitäten und der Umfang der Informationen, die im Entscheidungsprozess herangezogen werden.[59] Kunden mit höheren kognitiven Fähigkeiten nehmen tendenziell mehr Informationen in den Entscheidungsprozess auf, als Kunden mit niedrigeren kognitiven Fähigkeiten, und sind damit besser in der Lage, Unsicherheiten zu reduzieren.[60]

Ein Beispiel hierfür ist die Interpretation von Versicherungsbedingungen durch Kunden mit verschiedenen kognitiven Fähigkeiten. Versicherungskunden mit höheren kognitiven Fähigkeiten sind eher in der Lage, aus Produktbeschreibungen verschiedene Produktmerkmale abzuleiten und die Relevanz für die eigenen Bedürfnisse zu erkennen, als Kunden mit niedrigeren kognitiven Fähigkeiten.[61]

Im Komplexitätsansatz wird hier von Differenzierungs-, Diskriminierungs- und Integrationsfähigkeit gesprochen.[62]

Die Differenzierungsfähigkeit ist die Fähigkeit eines Versicherungskunden, produktbeschreibende Merkmale im Entscheidungsprozess differenziert wahrzunehmen. Je höher die Differenzierungsfähigkeit ist, desto größer ist die Anzahl der wahrgenommenen Produktmerkmale.[63]

Die Diskriminierungsfähigkeit beschreibt die Fähigkeit des Versicherungskunden, die Bedeutung der Produktmerkmale zu erfassen und zu beurteilen, ob es sich dabei um quantitative oder qualitative Ausprägungen handelt. Gleichzeitig ist es die Fähigkeit, Merkmale anhand ihres allgemeineren oder spezielleren Charakters in eine Merkmalshierarchie oder -gruppe einordnen zu können.[64]

---

[58] vgl. Edelmann, W.: Lernpsychologie, 6. Aufl., Weinheim 2000, S. 210
[59] vgl. Tölle, K.: Das Informationsverhalten der Konsumenten, a.a.O., S. 120
[60] vgl. ebenda, S. 123
[61] vgl. Bosselmann, E.H.: Versicherungsmakler und deregulierte Versicherungsmärkte, a.a.O., S. 40
[62] vgl. ebenda, S. 40
[63] vgl. ebenda, S. 40
[64] vgl. Edelmann, W.: Lernpsychologie, a.a.O., S.127

Die Integrationsfähigkeit beschreibt, inwieweit Beziehungen und Korrelationen zwischen einzelnen Produktmerkmalen erkannt werden.[65] Aus den kognitiven Fähigkeiten ergibt sich das individuelle Beurteilungsvermögen eines Versicherungskunden und damit der Grad der kognitiven Komplexität des Entscheidungsprozesses.

Die kognitive Komplexität steht in einem engen Zusammenhang zur Informationskomplexität. Sie kann durch ein nach Art und Umfang kundenindividuell gestaltetes Informationsangebot reduziert werden.[66]

3.3.2 Komplexitätsbeeinflussende Umweltmerkmale (Umweltkomplexität)

Die Umweltkomplexität ergibt sich aus einer Vielzahl von Einflussfaktoren, die vor, während und nach einem Entscheidungsprozess auf den Versicherungskunden einwirken. Sie umfasst die Aspekte Informationskomplexität und Situationskomplexität.[67]

3.3.2.1 Informationskomplexität

Die Informationskomplexität wird durch die Quantität und die Qualität der zur Verfügung stehenden Informationen beschrieben und beeinflusst - in Wechselwirkung mit den kognitiven Fähigkeiten des Versicherungskunden - die Unsicherheit im Entscheidungsprozess.[68]

Grundsätzlich führt sowohl eine zu niedrige als auch eine zu hohe Informationskomplexität zu einer verminderten Aufnahme und Verarbeitung von hformationen.[69] Die Entscheidungsqualität steigt zunächst mit dem Wachstum der angebotenen relevanten Informationen bis zu einem Höhepunkt. Ein Anstieg des Informationsangebotes über diesen Punkt hinweg führt zum soge-

---

[65] vgl. Tölle, K.: Das Informationsverhalten der Konsumenten, a.a.O., S. 120
[66] vgl. ebenda, S. 118
[67] vgl. Bosselmann, E.H.: Versicherungsmakler und deregulierte Versicherungsmärkte, a.a.O., S. 37
[68] vgl. ebenda, S. 37
[69] vgl. Tölle, K.: Das Informationsverhalten der Konsumenten, a.a.O., S. 127 f.

nannten „information overload"[70], wodurch die Entscheidungsqualität wieder abnimmt.[71]

Aus diesem Grund ist es erforderlich, Informationsangebote nach Art und Umfang auf die kognitiven Fähigkeiten abzustimmen und so die Informationskomplexität für den Versicherungskunden zu reduzieren.[72]

3.3.2.1.1 Die quantitativen Faktoren der Informationskomplexität

Wie bereits beschrieben, bestehen beim Kauf eines ‚komplexen' Versicherungsproduktes Unsicherheiten beim Kunden, die auf mangelnde Information zurückzuführen sind.

So steht er vor der Aufgabe, aus einer Vielzahl von Versicherungsunternehmen mit einem mehr oder weniger großen Angebot an Versicherungsprodukten das für ihn am besten geeignete Produkt zu wählen. Die einzelnen Versicherungsprodukte weisen nochmals eine bestimmte Anzahl an Produktmerkmalen auf.

Die quantitative Informationskomplexität wird also einerseits durch die **Anzahl** von gleichartigen Informationen (z.b. Produktpreise) geprägt und andererseits durch die Verschiedenartigkeit (**Vielfalt**) von Informationen (z.B. Unternehmensinformationen und Produktinformationen).[73]

Darüber hinaus werden Informationen, die **alternative** Handlungen verursachen können, unterschieden.[74]

Am Beispiel einer fondsgebundenen Rentenversicherung sollen kurz diese quantitativen Faktoren der Informationskomplexität erläutert werden.

Der Versicherungskunde benötigt in diesem Zusammenhang verschiedenartige Informationen, um den Zweck und die Funktionsweise der Rentenversicherung als Altersvorsorge zu verstehen. Um verschiedene Varianten fonds-

---

[70] Ursache dafür ist die Tatsache, dass die simultane Informationsverarbeitungskapazität des Menschen ab einem Wert von 5 bis 9 gleichzeitig zu verarbeitenden Informationseinheiten an ihre Grenzen stößt.
vgl. Bosselmann, E.H.: Versicherungsmakler und deregulierte Versicherungsmärkte, a.a.O., S. 25
[71] vgl. Meyer, J.: Visualisierung von Informationen, Wiesbaden 1999, S. 26
[72] vgl. Lödel, D.: Produktberatung in einem Angebotssystem unter besonderer Berücksichtigung der Kundentypologie, Erlangen / Nürnberg 1994, S. 15
[73] vgl. Tölle, K.: Das Informationsverhalten der Konsumenten, a.a.O., S. 121
[74] vgl. Kupsch, P. / Hufschmied, P.: Wahrgenommenes Risiko, a.a.O., S. 233

gebundener Rentenversicherungen vergleichen zu können, benötigt er eine Anzahl gleichartiger Informationen zu den einzelnen Produkten. Wird er vor die Wahl gestellt, zwischen einem Aktien- oder einem Geldmarktfonds zu wählen, sind das alternative Informationen, die wiederum neue Unsicherheiten verursachen können. Diese müssen durch zusätzlichen Informationsaufwand reduziert werden.

Zusammenfassend kann also gesagt werden, dass der quantitative Faktor der Informationskomplexität durch

- die Anzahl und Vielfalt der Informationen und
- die Anzahl der Alternativen

charakterisiert werden kann.[75]

Die Informationskomplexität kann demzufolge durch Beschränkung der Informationsmenge reduziert werden. Dies ist beispielweise durch den Ausschluss bestimmter Informationen aufgrund logischer Schlussfolgerungen oder durch die Vermeidung von Redundanz möglich.

3.3.2.1.2 Die qualitativen Faktoren der Informationskomplexität

Neben quantitativen Faktoren beeinflussen auch qualitative Faktoren den Grad der Informationskomplexität.

Qualitativen Einflussfaktoren sind:

- **die Gestaltung,**
- **die Neuartigkeit sowie**
- **die Vergleichbarkeit**

von Informationen.[76]

Die **Informationsgestaltung** wird durch die *strukturelle Organisation* und die *Präsentationsform* der Informationen beschrieben.[77]

Die *Struktur* bezieht sich auf die Untergliederung eines Informationsangebotes in Teilinformationen und deren Verknüpfungen untereinander. Die Ursache für diese Vorgehensweise liegt in der eingeschränkten menschlichen

---

[75] vgl. Kupsch, P. / Hufschmied, P.: Wahrgenommenes Risiko, a.a.O., S. 233 f.
[76] vgl. ebenda, S. 233
[77] vgl. ebenda, S. 233

Informationsverarbeitungskapazität und der daraus resultierenden Aufteilung einer Problemstellung in Teilprobleme.[78] Die Priorität einzelner zusammenhängender Informationen wird meist durch auf- oder absteigende Reihenfolgen verdeutlicht. Zur Darstellung von Zusammenhängen zwischen einzelnen Teilinformationen dienen oftmals hierarchische oder netzwerkförmige Strukturen.[79] Werden dem Versicherungskunden komplexe Sachverhalte im Informations- und Entscheidungsprozess in geeigneter Form strukturiert präsentiert und die Untergliederung in Teilprobleme unterstützt, kann die Informationskomplexität in qualitativer Hinsicht reduziert werden.

Ansatzpunkte dafür lassen sich in der Gestaltung von allgemeinen Versicherungsbedingungen erkennen. Dabei werden die einzelnen Bedingungen nach ihren Merkmalen sortiert und zu Bedingungsgruppen zusammengefasst. Da Versicherungsbedingungen im Regelfall in Papierform ausgegeben werden, wird die Reihenfolge der einzelnen Bedingungen und damit die Reihenfolge der Informationserfassung nach dem Ermessen des Versicherungsunternehmens festgelegt. Das Internet und die dort verwendete Hypertexttechnologie können dem Versicherungskunden eine individuelle Vorgehensweise bei der Informationserfassung ermöglichen.[80] Hierin besteht ein Ansatz für die Reduzierung der Informationskomplexität.

Zur *Präsentation* von Informationen können auditive und / oder visuelle Mittel eingesetzt werden. Zu den auditiven Mitteln gehören die gesprochene Sprache, Töne und Musik. Die visuelle Präsentation von Informationen kann in Form von Texten und / oder durch die Verwendung von Bildern und Grafiken erfolgen.

Text eignet sich durch seine Eindeutigkeit besonders, um konkrete Fakten zu beschreiben.[81] Um zum Beispiel rechtliche und wirtschaftliche Verbindlichkeiten in Versicherungsbedingungen auszudrücken, ist die Verwendung der Textform unabdingbar. Aufgrund der sequenziellen Erfassung erschwert die Darstellung mit Hilfe von Text das Verständnis von komplexen Sachverhal-

---

[78] vgl. Tölle, K.: Informationsverhalten der Konsumenten, a.a.O., 124
[79] vgl. Edelmann, W.: Lernpsychologie, a.a.O., S. 140 und 150
[80] vgl. Manhartsberger, M. / Musil, S.: Web Usability, 1. Aufl., Bonn 2001, S. 176 und 206
[81] vgl. Sponholz, U.: Die Effizienz von Grafiken und Tabellen bei der Darstellung komplexer betriebswirtschaftlicher Beurteilungsprobleme, Frankfurt a. M. u.a. 1997, S. 91

ten. Da das menschliche Gehirn Informationen bildlich verarbeitet, können Bilder und Grafiken hierfür zweckmäßiger sein.[82] Sie ermöglichen das Erfassen mehrerer Informationen gleichzeitig und verdeutlichen Zusammenhänge besser. Darüber hinaus können mit Hilfe von Bildern leichter Emotionen beim Betrachter erzeugt werden, die länger im Gedächtnis verweilen als sprachlich präsentierte Informationen.[83, 84]

Versicherungsprodukte werden bisher fast ausschließlich in sprachlicher Form präsentiert. Dieser Aspekt und der immaterielle Charakter erschweren es dem Versicherungskunden, das Versicherungsprodukt auf eine für ihn verständliche Weise zu erfassen.

Das Internet bietet durch seine Multimedialität in diesem Bezug eine Reihe von Gestaltungsmöglichkeiten. Beispielsweise kann die Informationskomplexität durch Visualisierung reduziert werden.[85]

In diesem Zusammenhang wird in der Literatur auch von „Cognitive fit" gesprochen. „Cognitive fit" bedeutet, dass die Präsentationsform die kognitiven Prozesse, die zur Lösung einer bestimmten Aufgabe notwendig sind, unterstützt. Dadurch kann die Komplexität eines Entscheidungsproblems reduziert werden.[86]

Liegt kein „Cognitive Fit" vor, ist also die Präsentationsform für die Problemstellung „ungeeignet", werden zusätzlich kognitive Prozesse zur gedanklichen Transformation in eine geeignete Präsentationsform benötigt.[87]

Zusammenfassend lässt sich sagen, dass die Informationskomplexität reduziert werden kann, wenn die Bereitstellung der Informationen in einer für den Kunden und die Problemstellung geeigneten Präsentationsform erfolgt.[88]

---

[82] vgl. Kroeber-Riel, W.: Konsumentenverhalten, a.a.O., S. 254 f.
[83] vgl. ebenda, S. 255 f.
[84] vgl. Meyer, J.: Visualisierung von Informationen, a.a.O., S. 121
[85] vgl. Scheed, B.A.: Informationspräsentation in Marketing Decision Support Systemen, München 2000, S.13 ff.
[86] vgl. Meyer, J.: Visualisierung von Informationen, a.a.O., S. 114
[87] vgl. Sponholz, U.: Die Effizienz von Grafiken und Tabellen, a.a.O., S. 89
[88] siehe hierzu: Meyer, J.: Visualisierung von Informationen, a.a.O., S. 133 ff.

Neuartigkeit von Informationen

Ein weiterer qualitativer Faktor der Informationskomplexität ist die Neuartigkeit von Informationen. Sie beeinflusst den Wert einer Information, der sich aus dem Verhältnis zwischen bereits bekannten Sachverhalten und der hinzukommenden Neuartigkeit ergibt. Mit zunehmender Neuartigkeit steigt dieser Informationswert an. Der Anstieg ist jedoch nicht linear, vielmehr nimmt bei Überschreitung eines bestimmten Neuartigkeitsgrades der Informationswert wieder ab. Demnach wird der maximale Wert einer Information bei einem bestimmten Verhältnis zwischen Bestätigung und Neuartigkeit erreicht.[89] (siehe Abbildung 3)

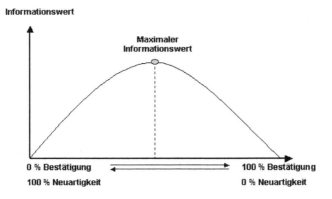

Abbildung 3: Neuartigkeit von Informationen
(Quelle: in Anlehnung an Weizsäcker, E. U. v.: Erstmaligkeit und Bestätigung als Komponenten der pragmatischen Information, in: Offene Systeme: Beiträge zur Zeitstruktur, Entropie und Evolution, hrsg. von E. U. v. Weizsäcker, 2. Aufl., Stuttgart 1986, S. 99)

Im Informations- und Entscheidungsprozess erreichen Informationen demnach erst den maximalen Wert, wenn sie am individuellen Informationsstand des jeweiligen Versicherungskunden ausgerichtet sind. Ein Negativbeispiel in diesem Zusammenhang ist die Verwendung versicherungsspezifischer Fachtermini ohne Rücksicht auf den individuellen Kenntnisstand des Kunden. Zusammenfassend lässt sich feststellen, dass die Informationskomplexität durch eine für den Kunden optimale Mischung aus neuen und bekannten Informationen reduziert wird.

---

[89] vgl. Weizsäcker, E. U. v.: Erstmaligkeit und Bestätigung, a.a.O., S. 100

Vergleichbarkeit der Informationen

Verschiedene Studien über das Kundenverhalten im Kaufprozess haben ergeben, dass bei Entscheidungen zwischen alternativen Produkten häufig die Produktmerkmale in Betracht gezogen werden, die sie miteinander vergleichbar machen.[90] Ein häufig herangezogenes Vergleichsmerkmal ist der Preis eines Versicherungsproduktes.[91]

Produktmerkmale, die für den Versicherungskunden keinen erkennbaren Mehrwert darstellen bzw. einen höheren Preis subjektiv nicht rechtfertigen, werden meist nicht in die Produktbewertung einbezogen.[92] Für Kunden mit geringem Produktwissen ergibt sich daraus möglicherweise ein Informations- bzw. Beratungsbedarf bezüglich der unbekannten Produktmerkmale und deren Bedeutung bzw. Bedarfsrelevanz.

Zusammenfassend lässt sich feststellen, dass Standardisierung (bspw. durch Vorkonfiguration von Produkten) zu Vergleichbarkeit führt und damit Informationskomplexität vermindern kann.

3.3.2.2 Situationskomplexität

Neben der Informationskomplexität beeinflussen situative Reize den Entscheidungsprozess eines Kunden.[93] Die daraus resultierende Situationskomplexität wird wesentlich durch folgende Faktoren beeinflusst:

- Grad der Eigeninitiative des Versicherungskunden (Involvement) im Kaufprozess,
- Erwartungen des Versicherungskunden bezüglich positiver oder negativer Konsequenzen,
- Zeitdruck,
- persönliches Empfinden des Kunden aufgrund von atmosphärischen Umfeldeinflüssen,
- Erfahrung mit ähnlichen Entscheidungssituationen.[94]

---

[90] vgl. Kupsch, P. / Hufschmied, P.: Wahrgenommenes Risiko, a.a.O., S. 243
[91] vgl. Bosselmann, E.H., Versicherungsmakler und deregulierte Versicherungsmärkte, a.a.O., S. 157
[92] vgl. Kupsch, P. / Hufschmied, P.: Wahrgenommenes Risiko, a.a.O., S. 243
[93] vgl. Bosselmann, E.H., Versicherungsmakler und deregulierte Versicherungsmärkte, a.a.O., S. 38

Diese Determinanten der Situationskomplexität werden im Folgenden näher erläutert.

3.3.2.2.1 Grad der Eigeninitiative des Versicherungskunden (Involvement)

Das Involvement drückt das Engagement des Kunden im Kaufprozess aus.[95] Dieses Engagement ist dann hoch, wenn ein hoher Nutzen erwartet wird bzw. wenn das Kaufrisiko als hoch empfunden wird.[96] Der erwartete Nutzen kann in diesem Zusammenhang sowohl emotionaler als auch wirtschaftlicher Natur sein.[97]

Stark involvierte Kunden (high involvement) sind zu einem höheren Aufwand bei der Informationsbeschaffung bereit und beziehen mehr Informationen in den Entscheidungsprozess ein, als geringer involvierte Personen (low involvement).[98] Demzufolge setzen sich höher involvierte Personen „freiwillig" komplexeren Situationen aus, als gering involvierte. Die Steigerung des Informationsbeschaffungsaufwandes äußert sich gleichzeitig in einer Verlängerung des Entscheidungsprozesses.[99]

Im Ergebnis ist der stärker involvierte Versicherungskunde eher in der Lage, Entscheidungen zu treffen, die seiner Bedarfslage entsprechen, als der gering involvierte.[100] Dieser Aspekt ist besonders im Hinblick auf die Kundenzufriedenheit von großer Bedeutung. Ein durch geringes Involvement verursachtes mangelndes Produktverständnis kann Fehlinterpretationen bezüglich der Versicherungsleistung verursachen und dadurch die Kundenzufriedenheit negativ beeinflussen.

Medien können, durch ihre spezifischen Kommunikations- und Interaktionsmöglichkeiten, ebenfalls die Höhe des Involvement beeinflussen. Low-

---

[94] vgl. Bosselmann, E.H., Versicherungsmakler und deregulierte Versicherungsmärkte, a.a.O., S. 38 f.
[95] vgl. Trommsdorff, V.: Konsumentenverhalten, 3. Aufl., Stuttgart u.a. 1998, S. 50
[96] vgl. ebenda, S. 54 f.
[97] vgl. ebenda, S. 53 f.
[98] vgl. ebenda, S. 48 f.
[99] vgl. Roßmanith, T.: Informationsverhalten und Involvement im Internet, URL: www.ubka.uni-karlsruhe.de/vvv/2001/wiwi/1/1.pdf, Stand: 2001, Abruf: 20.02.2002, MEZ: 21.30 Uhr, S. 41 ff.
[100] vgl. Kupsch, P. / Hufschmied, P.: Wahrgenommenes Risiko, a.a.O., S. 239

Involvement-Medien, wie zum Beispiel Rundfunk und Fernsehen, zeichnen sich durch eine relativ passive und linear-sequenzielle Informationsaufnahme aus. Dagegen ist bspw. das Internet ein High-Involvement-Medium, das durch aktive Beteiligung des Kunden geprägt ist.[101] Das Involvement kann also durch geeignete Interaktionsmechanismen sowie individuelle Informationsbereitstellung gesteigert werden. Die folgende Tabelle zeigt Differenzierungsmöglichkeiten der Informationsbereitstellung in Abhängigkeit vom Involvement des Kunden.

	High Involvement	Low Involvement
Ziel der Informationsbereitstellung	überzeugen	aktivieren
Inhalt der Informationen	Detailinformationen	wenige, aber relevante Informationen
Umfang der Informationen	ausführlich	kurz
Präsentationsform	Sprache	Bilder, Ton (Multimedia)
Wiederholungsfrequenz der Sachverhalte	gering	hoch
Interaktion	selbstständig	geführt

Tabelle 1: Informationsbereitstellung in Abhängigkeit vom Involvement
(Quelle: in Anlehnung an Trommsdorff, U.: Konsumentenverhalten, a.a.O., S. 51)

Eine solche differenzierte Informationsbereitstellung kann bei ursprünglich gering involvierten Kunden zu einer Steigerung des Involvements beitragen. Bei Kunden, die von vornherein ein höheres Involvement aufweisen, kann eine geeignete Informationsbereitstellung zu einer Effizienzsteigerung im Entscheidungsprozess führen.[102] Zusammenfassend lässt sich feststellen, dass mit steigendem Involvement sowohl die Situations- als auch die Informationskomplexität abnimmt.

---

[101] vgl. Trommsdorff, V.: Konsumentenverhalten, 3. Aufl., Stuttgart u.a. 1998, S. 55
[102] vgl. ebenda, S. 51 f.

3.3.2.2.2 Erwartungen des Versicherungskunden bezüglich positiver oder negativer Konsequenzen

Das Verhalten eines Kunden im Kaufprozess hängt stark von den erwarteten negativen und positiven Konsequenzen seiner Handlungen ab.[103] Beispielsweise kann die Angst, sich durch Unwissenheit im persönlichen Vermittlergespräch zu blamieren, zu Hemmungen führen, die sich in Distanzierung und Zurückhaltung des Kunden äußern.[104]

Auch die Abfrage von persönlichen Informationen, wenn der Kunden lediglich unverbindliche Informationen erhalten will, kann sich negativ auf eine Entscheidungssituation auswirken. Erhält der Kunde dagegen subjektiv relevante Informationen gegen Bereitstellung von relativ „unkritischen" persönlichen Daten, wird die Konsequenz vermutlich als positiv angesehen.

Überwiegt der Eindruck möglicher negativer Konsequenzen im Kaufprozess, sinkt die Motivation des Versicherungskunden, sich mit der Problemstellung auseinander zu setzen. Ähnlich verhält es sich, wenn der zu erbringende Beschaffungsaufwand nicht im Verhältnis zum erwarteten Nutzen einer Information steht. Dies ist zum Beispiel der Fall, wenn der Kunde ein umfangreiches Formular ausfüllen muss, ohne konkrete Vorstellung über den Umfang und die Qualität der folgenden Informationen zu haben.[105]

Die daraus resultierende sinkende Motivation wirkt sich negativ auf das Involvement aus und kann dadurch eine Verstärkung des subjektiven Komplexitätsempfindens verursachen.

3.3.2.2.3 Zeitdruck

Zeitdruck ist die Empfindung einer unangenehmen Belastung durch ein zu knapp bemessenes Entscheidungsintervall. Der Versicherungskunde empfindet dabei die Zeitspanne zwischen dem Erkennen eines Bedürfnisses und dem Zeitpunkt der Kaufentscheidung als nicht ausreichend, um Unsicherheiten und damit das Kaufrisiko zu reduzieren.[106] Das Ausmaß des wahrge-

---

[103] vgl. Bosselmann, E.H., Versicherungsmakler und deregulierte Versicherungsmärkte, a.a.O., S. 39 f.

[104] vgl. Bänsch, A.: Käuferverhalten, 5. Aufl., München u.a. 1993, S. 57

[105] vgl. Tölle, K.: Informationsverhalten der Konsumenten, a.a.O., 110 f.

[106] vgl. Knappe, H. J.: Informations- und Kaufverhalten unter Zeitdruck, Frankfurt a. M. 1981, S. 33

nommenen Zeitdrucks steht dabei im direkten Zusammenhang mit der kognitiven Komplexität und der Informationskomplexität des Entscheidungsprozesses sowie den genannten Einflussfaktoren der Situationskomplexität.[107]
Wird der Entscheidungszeitraum als zu klein empfunden, führt dies zur Be-
einträchtigung der kognitiven Leistungsfähigkeit des Versicherungskunden,
die sich in Frustration oder sogar Resignation steigern kann.[108, 109]
Hier bietet der Einsatz des Mediums Internet Vorteile, da, im Gegensatz zum
persönlichen Beratungsgespräch, der Versicherungkunde zeitliche Grenzen
weitgehend selbst definiert. Dadurch ist er - relativ frei von zeitlichen Restriktionen - in der Lage, das Kaufrisiko im Entscheidungsprozess zu verringern.
Demgegenüber versucht der Versicherer den Entscheidungsprozess, aus
wirtschaftlichen Gründen, zu verkürzen. Um zu restriktive Zeitvorgaben zu
vermeiden und dennoch den Kaufprozess zu verkürzen, können dem Versicherungskunden zeitlich begrenzte Incentives wie z.B. temporäre Rabatte
angeboten werden.[110]
Zusammenfassend lässt sich feststellen, dass die Verminderung des Zeitdrucks komplexitätsreduzierend wirken kann, da die Möglichkeit besteht, sich
intensiver mit einer speziellen Thematik auseinander zu setzen.

3.3.2.2.4 Atmosphärische Umfeldeinflüsse

Indirekte atmosphärische Gegebenheiten des Umfeldes, die auf eine Person
im Entscheidungsprozess einwirken, haben einen großen Einfluss auf deren
Informationsbeschaffungs- und verarbeitungsverhalten. Beispielsweise kann
eine Antipathie gegenüber dem Berater im persönlichen Beratungsgespräch
eine Verweigerung der Informationsaufnahme beim Versicherungkunden
verursachen.[111] Eine ähnliche Wirkung kann durch die Informationsvielfalt auf
einer unstrukturierten und informationsüberladenen Website entstehen.[112]
Die Folge ist eine grundsätzlich negative Einstellung gegenüber einer Ent-

---

[107] vgl. Knappe, H. J.: Informations- und Kaufverhalten unter Zeitdruck, a.a.O., S. 33
[108] vgl. ebenda, S. 50 f.
[109] vgl. Reither, F.: Komplexitätsmanagement, a.a.O., S. 119
[110] vgl. Knappe, H. J.: Informations- und Kaufverhalten unter Zeitdruck, a.a.O., S. 37
[111] vgl. Anton, W.: Gesprächsführung in Verkaufsgesprächen - unter dem besonderen Aspekt der Beratung, Lüneburg 1989, S. 141
[112] vgl. Schroder, H. M. u.a.: Menschliche Informationsverarbeitung, a.a.O., S. 62

scheidungssituation, die zur Behinderung der Informationsverarbeitung und damit gleichzeitig zur Erhöhung der Komplexität führen kann.

3.3.2.2.5 Erfahrungen mit ähnlichen Entscheidungssituationen

Jede Erfahrung, die der Kunde durch Kaufprozesse bereits gewonnen hat, kann die Situationskomplexität in neuen Kaufprozessen mit ähnlichen Bedingungen reduzieren.[113] Dem Kunden ist es in einem solchen Fall einfacher, sich auf wesentliche Sachverhalte der Kaufentscheidung zu konzentrieren. Bei positiven Erfahrungen werden eine Reihe von Unsicherheiten im Vorfeld durch bereits vorhandenes Wissen oder erhöhtes Vertrauen gegenüber dem Geschäftspartner und der Kaufsituation kompensiert.[114] Darüber hinaus ist die Hemmschwelle, selbst aktiv zu werden, bei einem erfahrenen Kunden niedriger als bei einem Unerfahrenen.[115]

3.4 Fazit - Zusammenhang zwischen wahrgenommener Komplexität und Unsicherheiten im Kaufprozess

Das Niveau der Informationsverarbeitung im Kaufprozess wird durch die oben vorgestellte kognitive Komplexität und die einwirkenden Umweltbedingungen beeinflusst. Die kognitive Komplexität wird durch die intellektuellen Fähigkeiten des Versicherungskunden determiniert. Demgegenüber beschreiben die Informationskomplexität und die Situationskomplexität den Einfluss der Umweltfaktoren auf den Entscheidungsprozess.

Gelingt es, mit Hilfe geeigneter Maßnahmen die wahrgenommene Komplexität im Kaufprozess zu reduzieren, wird das Niveau der Informationsverarbeitung gesteigert. Dadurch ist es dem Kunden möglich, mehr Informationen zu verarbeiten und damit Unsicherheiten in einem größeren Umfang zu beseitigen.

---

[113] vgl. Bosselmann, E. H.: Versicherungsmakler und deregulierte Versicherungsmärkte, a.a.O., S. 39
[114] vgl. Mertens, M.: Kundentypologien im Versicherungsgeschäft, a.a.O., S. 61
[115] vgl. ebenda, S. 61

Einen Überblick über die im Kapitel 3 dargestellten Zusammenhänge gibt folgende Abbildung. (siehe Abbildung 4)

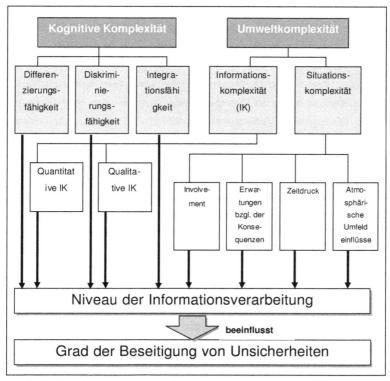

Abbildung 4: Zusammenhang zwischen wahrgenommener Komplexität und Unsicherheiten im Kaufprozess

(Quelle: in Anlehnung an: Tölle, K.: Das Informationsverhalten der Konsumenten, a.a.O., S. 122)

4 Vertrieb von ‚komplexen' Versicherungsprodukten

4.1 Funktion des Vertriebs

Nach der Klärung und Abgrenzung der Begriffe „Vertrieb" und „Vertriebsunterstützung" im ersten Kapitel werden an dieser Stelle die primären Funktionen des Vertriebs dargestellt.

Neben der Überwindung räumlicher, zeitlicher sowie quantitativer und qualitativer Distanzen zwischen Versicherungsunternehmen und Versicherungskunden müssen beim Vertrieb insbesondere die Informationsunterschiede der beiden Parteien ausgeglichen werden.[116]

Demzufolge benötigt der Versicherer direkte oder indirekte Informationen über die Risikolage und das Sicherheitsbedürfnis eines Kunden, um geeignete Produkte und Informationen anbieten zu können.

Umgekehrt müssen dem Kunden vom Versicherer Informationen über die Eignung spezieller Versicherungsprodukte zur Reduzierung der persönlichen Risikolage zur Verfügung gestellt werden, um damit bestehende Unsicherheiten bezüglich der Kaufentscheidung zu verringern.[117]

Unabhängig vom jeweiligen Kanal liegt die Aufgabe des Vertriebs demnach sowohl in der Erhebung risiko- und bedürfnisrelevanter Informationen des Kunden, als auch in der kundenindividuellen Informationsbereitstellung.

Die dadurch erreichte Komplexitätsreduzierung beim Kunden ist eine wichtige Voraussetzung für die Beseitigung von Unsicherheiten im Kaufprozess und führt dadurch zur Erhöhung der Abschlusswahrscheinlichkeit.[118]

Da der Großteil des Vertriebs von Versicherungsprodukten bis dato über persönliche Vermittler erfolgt,[119] wird im Folgenden eine typische Vorgehensweise im Verkaufsgespräch zwischen Vermittler und Kunden vorgestellt. Dabei wird insbesondere die komplexitätsreduzierende Wirkung der Aktivitäten des Vermittlers betrachtet.

---

[116] vgl. Farny, D.: Versicherungsbetriebslehre, a.a.O., S. 582 f.
[117] vgl. ebenda, S. 583
[118] vgl. Bosselmann, E. H.: Versicherungsmakler und deregulierte Versicherungsmärkte, a.a.O., S. 35 f.
[119] vgl. Kölnische Rück (Hrsg.): Presseschau vom 13.06.2000, S. 10

4.2 Vorgehensweise im Vertrieb am Beispiel eines persönlichen Verkaufsgesprächs

Das typische Verkaufsgespräch zwischen einem Kunden und einem Vermittler besteht aus vier aufeinander aufbauenden Phasen (siehe Abbildung 5).

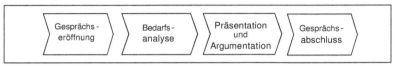

Abbildung 5: Verkaufsgespräch
(Quelle: in Anlehnung an Anton, W.: Gesprächsführung in Verkaufsgesprächen, a.a.O., S. 133)

In der *Gesprächseröffnungsphase* versucht der Vermittler zunächst, die momentane Situation des Kunden zu erfragen. Zusätzlich nimmt er indirekt eine erfahrungsgemäße Einschätzung des Kundentypen anhand von dessen Auftreten und Verhalten vor. Auf der Basis dieser Einschätzung passt der Vermittler seine Kommunikationsweise im Verkaufsgespräch an.[120] Beispielsweise kann die Vorgehensweise des Vermittlers in Abhängigkeit von vermuteten intellektuellen Fähigkeiten des Kunden variieren.[121] Auf der Basis der gewonnenen Kundeninformationen selektiert der Vermittler mögliche Versicherungslösungen zur individuellen Bedarfsdeckung vor.

Diese werden während der *Bedarfsanalysephase* durch einen Problemdialog konkretisiert und gegebenenfalls erweitert. Gleichzeitig wird dem Kunden seine individuelle Risikolage verdeutlicht und der daraus resultierende Versicherungsbedarf abgeleitet.[122]

In der Phase der *Präsentation und Argumentation* werden spezielle Versicherungsprodukte und deren Eignung zur Befriedigung des bestehenden Versicherungsbedarfs vorgestellt und diskutiert.[123] Die Art und Weise der Präsentation und Argumentation kann hier wiederum in Abhängigkeit vom Kundentyp stark variieren.

---

[120] vgl. Anton, W.: Gesprächsführung in Verkaufsgesprächen, a.a.O., S. 141 ff.
[121] vgl. Bosselmann, E. H.: Versicherungsmakler und deregulierte Versicherungsmärkte, a.a.O., S. 123 f.
[122] vgl. Anton, W.: Gesprächsführung in Verkaufsgesprächen, a.a.O., S. 144 ff.
[123] vgl. ebenda, S. 149 ff.

Konnte während des Gespräches die Unsicherheit im Bezug auf die Kaufentscheidung hinreichend reduziert werden, wird damit die Wahrscheinlichkeit erhöht, dass der Kunde sich für den Vertragsabschluss entscheidet.[124]

Da der Vermittler im Dialog eine Vorselektion der Informationen vornehmen kann und dem Kunden somit nur entscheidungsrelevante Informationen zur Verfügung stellt, wird vornehmlich die wahrgenommene Informationskomplexität beim Kunden reduziert.[125]

In diesem Zusammenhang ist das Vertrauen des Kunden in die Kompetenz und die Seriosität des Vermittlers von großer Bedeutung, da der Kunde sich auf die Vollständigkeit und Objektivität der Informationsbereitstellung verlassen muss. Gleichzeitig hat das Vertrauen gegenüber dem Vermittler eine emotionale Komponente (z.B. Sympathie), die allerdings weniger greifbar und beeinflussbar ist.[126]

Es lässt sich feststellen, dass Vertrauen zur Komplexitätsreduzierung beitragen kann.

4.3 Fazit - Vertriebsunterstützung durch Komplexitätsreduzierung

Die Komplexitätsreduzierung im Kaufprozess ist eine wichtige Voraussetzung für die Beseitigung von Unsicherheiten und hat somit erheblichen Einfluss auf das tatsächliche Ergebnis der Kaufentscheidung. Beim persönlichen Vertrieb nimmt der Vermittler die Aufgabe der Komplexitätsreduzierung für den Kunden wahr, indem er ihm im Dialog nur solche Informationen zur Verfügung stellt, die den Kunden bei der Entscheidung unterstützen. Dabei ist das Vertrauen des Kunden in den Vermittler von besonderer Bedeutung.

Wie bereits dargestellt, ist zwischen dem Vertrauen in die Qualität der Informationsbereitstellung und dem emotionalen Vertrauen in den Vermittler zu unterscheiden. Aufgrund des fehlenden persönlichen Kontaktes ist Vertrau-

---

[124] vgl. Bosselmann, E. H.: Versicherungsmakler und deregulierte Versicherungsmärkte, a.a.O., S. 35 f.
[125] Die Beschränkung der Informationsmenge und die kundenindividuelle Präsentation können die Informationskomplexität reduzieren. (siehe Kapitel 3.3.2.1)
[126] vgl. Kroeber-Riel, W.: Konsumentenverhalten, a.a.O., S. 448 und 479 f.

ensbildung im Internet primär durch die Qualität der Informationsbereitstellung möglich.[127] Voraussetzung ist hierbei wiederum die Individualisierung der Informationsbereitstellung. Für diese Individualisierung ist die Erhebung bedürfnis- und verhaltensrelevanter Informationen des Kunden notwendig.

Im folgenden Kapitel wird die Notwendigkeit einer Kundentypologie für die Individualisierung der Informationsbereitstellung und die Anwendung weiterer komplexitätsreduzierender Maßnahmen im Internet verdeutlicht und eine geeignete Kundentypologie ausgewählt. Darüber hinaus werden verschiedene Kundenmerkmale aufgezeigt, die Aufschluss über die Zuordnung eines Kunden zu einem der definierten Kundentypen geben können. Dazu wird insbesondere der Zusammenhang zwischen bestimmten Persönlichkeitsmerkmalen eines Kunden und seinen Bedürfnissen und Verhaltensweisen untersucht.

---

[127] vgl. Erdmann, G.: Individuelle Risikovorsorgeberatung, a.a.O., S. 23

5 Kundentypologie als Voraussetzung zur Anwendung komplexitätsreduzierender Maßnahmen

5.1 Notwendigkeit einer Kundentypologie

Die im Kapitel 3 definierten Komplexitätskriterien geben Hinweise auf mögliche Ansatzpunkte zur Komplexitätsreduzierung im Kaufprozess.

Wie bereits dargestellt, kann die Informationskomplexität reduziert werden, wenn die Informationsbereitstellung an den spezifischen Bedürfnissen und Verhaltensweisen des einzelnen Kunden ausgerichtet ist. Voraussetzung für die kundenindividuelle Informationsbereitstellung ist eine Kundentypologie, die Aussagen über die Bedürfnisse und Verhaltensweisen eines Kunden zulässt.[128]

Die Kenntnis der Bedürfnisse eines Versicherungskunden ermöglicht es dem Versicherungsunternehmen, dem Kunden die für ihn relevanten Informationen und Produkte zuzuordnen.

Das Wissen über Verhaltensweisen im Kaufprozess ermöglicht es im Anschluss, Art und Umfang der Informationsbereitstellung zu optimieren und so über die Informationskomplexität die kognitive Komplexität für den Versicherungskunden zu reduzieren.

Ziel der Informationsbereitstellung ist es, dem Versicherungskunden die Eignung eines speziellen Versicherungsproduktes zur Befriedigung seines individuellen Bedürfnisses zu verdeutlichen.

5.2 Auswahl einer verhaltensrelevanten Kundentypologie

Idealer Weise müsste für jeden Kunden eine an seinem Informationsbeschaffungs- und -verarbeitungsverhalten ausgerichtete Informationsbereitstellung erfolgen. Dies ist jedoch in der Praxis kaum umsetzbar, da das Verhalten der Kunden in einer Vielzahl von Merkmalen voneinander abweicht.[129]

Um dennoch einen hohen Grad an individueller Informationsbereitstellung zu erreichen, können Kunden zu Kundengruppen zusammengefasst werden, die ähnliche Verhaltensweisen im Kaufprozess aufweisen.[130]

---

[128] vgl. Mertens, M.: Kundentypologien im Versicherungsgeschäft, a.a.O., S. 17 f.
[129] vgl. ebenda, S. 1
[130] vgl. ebenda, S. 14 f. und 80 ff.

Kundentypologien auf Basis sogenannter psychografischer Merkmale werden dieser Anforderung gerecht. Psychografische Merkmale betreffen Wahrnehmungen und Einstellungen einer Person und bedingen somit explizit beobachtbares Verhalten.[131]

Psychografische Merkmale können sowohl allgemeiner als auch branchenspezifischer Natur sein. Im Folgenden wird eine Unterscheidung zwischen allgemeinen und versicherungsspezifischen Merkmalen vorgenommen.[132]

Allgemeine psychografische Merkmale sind insbesondere Interessen, Meinungen, soziale Orientierung und Risikofreudigkeit. Diese Kriterien lassen sich auch unter dem Begriff „Lebensstil" zusammenfassen.[133, 134]

Ein Beispiel für eine Kundentypologie auf Basis allgemeiner psychografischer Merkmale ist die Differenzierung nach Com-Acting-Typen.[135] Sie fokussiert auf das Kommunikations- und Mediennutzungsverhalten einzelner Kundentypen. Psychografische Merkmale sind in diesem Zusammenhang insbesondere das gesellschaftliches Engagement, Produktinteresse sowie Engagement für Arbeit und Freizeit. Es werden folgende vier Kundentypen unterschieden:

Com-Acting-Typ	Informations- / Kommunikations-Verhalten
Info-Elite	• sehr kommunikativ, meinungsführend • hohes Interesse an faktenorientierten Informationen • optimistisch, zukunftsorientiert
Infotainment-Consumer	• intensive Kommunikation • durchschnittliches Informationsinteresse (Fakten in Verbindung mit Entertainment) • optimistisch
Info-Consumer	• zurückhaltende Kommunikation • durchschnittliches Informationsinteresse • vergangenheitsorientierter Skeptiker
Info-Verweigerer	• keine kommunikative Kompetenz • keine Informationsorientierung • abgeschottet und pessimistisch • emotionale Aspekte, weniger rationale Handlungsmuster

Tabelle 2: Com-Acting-Typen

(Quelle: Focus Magazin Verlag GmbH: Communication Networks 5.0, URL:
http://medialine.focus.de/PM1D/PM1DC/PM1DCB/DOWNLOAD/cn5_codeplan.pdf,
Stand: 2001, Abruf: 20.02.2002, MEZ: 00.08 Uhr)

---

[131] vgl. Kroeber-Riel, W.: Konsumentenverhalten, a.a.O., S.45 ff.
[132] vgl. Mertens, M.: Kundentypologien im Versicherungsgeschäft, a.a.O., S.154
[133] vgl. Jänsch, N.: Mikrogeographische Marktsegmentierung, a.a.O., S. 24
[134] vgl. Müller, H.: Marktsegmentierung im Privatkundengeschäft, a.a.O., S. 212
[135] vgl. FOCUS Magazin Verlag GmbH: Communication Networks 5.0, URL:
http://medialine.focus.de/PM1D/PM1DC/PM1DCB/DOWNLOAD/cn5_codeplan.pdf,
Stand: 2001, Abruf: 20.02.2002, MEZ: 00.08 Uhr

Versicherungsspezifische Merkmale betreffen Wahrnehmung, Einstellung und Motivation im Bezug auf einzelne Versicherungsprodukte, auf Versicherungsunternehmen bzw. generell auf die Versicherungsbranche.[136] Eine versicherungsspezifische Kundentypologisierung wird durch die *Psychonomics AG* vorgenommen. Hier stehen vor allen Dingen der Entscheidungsstil, Informationsneigung und die Kompetenz in Versicherungsfragen im Vordergrund.[137]

Folgende sechs Kundentypen werden in dieser Kundentypologie definiert:

1. preisorientierten Rationalisten,

2. anspruchsvollen Delegierer,

3. distinguiert-konservative,

4. treue Vertreterkunden,

5. skeptisch-gleichgültige und

6. überforderte Unterstützungssuchende.[138]

Eine weitere versicherungsspezifische Kundentypologie hat *Farny* vorgestellt. Er definiert in diesem Zusammenhang vier Grundtypen von Versicherungskunden, die nach versicherungsbezogenem Wissen und intellektuellen Fähigkeiten sowie dem Beschaffungsverhalten unterschieden werden.[139] Obwohl damit eine gewisse Polarisierung verbunden ist, ist diese Kundentypologisierung für die differenzierte Informationsbereitstellung zweckmäßig, da sich alle Kunden zumindest tendenziell einordnen lassen.

Beschaffungsverhalten eines Kunden	Versicherungsbezogenes Wissen und Intellektuelle Fähigkeiten eines Kunden	
	A) hoch	B) gering
I) aktiv (high involved)	„rationale aktive Versicherungskunden"	„nichtrationale aktive Versicherungskunden"
II) passiv (low involved)	„rationale passive Versicherungskunden"	„nichtrationale passive Versicherungskunden"

Tabelle 3: Kundentypen nach intellektuellen und Beschaffungsverhaltensmerkmalen
(Quelle: in Anlehnung an Farny, D.: Versicherungsbetriebslehre, a.a.O., S. 353)

---

[136] vgl. Mertens, M.: Kundentypologien im Versicherungsgeschäft, a.a.O., S. 154
[137] vgl. Adelt, P. / Dehm, H. / Schulte, K.: Internetmarketing für Banken und Versicherer, Köln 1999, S. 59
[138] vgl. ebenda, S. 58 ff.
[139] vgl. Farny, D.: Versicherungsbetriebslehre, a.a.O., S. 353 f.

Anhand der Kombination der Merkmalsausprägungen lassen sich vier Versicherungskundentypen unterscheiden.

Kunden vom **Typ IA** sind „rationale aktive Versicherungskunden", die ihre Risikosituation logisch herleiten und versuchen, das Risiko auf rationalem Weg zu reduzieren. Hierzu verschaffen sie sich eine vergleichsweise große Menge an relevanten Informationen, die es ihnen ermöglicht, eine qualitativ hochwertige Entscheidung zu treffen. Die Vorgehensweise bei der Informationsbeschaffung ist aktiv und zielgerichtet. Da sie Informationen selbstständig beschaffen und Entscheidungen logisch ableiten, verzichten sie größtenteils auf Beratungsdienstleistungen. Darüber hinaus legen sie großen Wert auf ein optimales Preis-Leistungsverhältnis der Versicherungsprodukte.[140]

Kunden vom **Typ IB** sind „nichtrationale aktive Versicherungskunden". Nichtrational bedeutet in diesem Zusammenhang, dass Entscheidungen teilweise affektiv getroffen werden. Folglich werden Entscheidungen verstärkt durch situative Reize beeinflusst. Da sie aufgrund ihrer nichtrationalen Vorgehensweise Schwierigkeiten bei der objektiven Beurteilung von Versicherungsprodukten haben, stehen sie Vorschlägen und Hilfestellungen offen gegenüber. Versicherungskunden dieses Typs sind bereit, Informationen über Versicherungsprodukte aktiv einzuholen. Die Sammlung vergleichbarer Informationen ermöglicht Ihnen beispielsweise eine Beurteilung verschiedener Preis-Leistungs-Verhältnisse.[141]

Kunden vom **Typ IIA** sind „rationale passive Versicherungskunden", die relativ wenige Informationen einholen, diese aber rational bewerten und daraus mögliche logische Schlussfolgerungen ziehen. Da sie aufgrund ihrer mangelnden Aktivität vergleichsweise wenige Informationen beschaffen, dabei jedoch qualitativ hohe Entscheidungen anstreben, greifen sie auf fachkompetente Beratung und Informationsbereitstellung zurück. Die Qualität des Versicherungsproduktes wird in diesem Zusammenhang stark an der Qualität der angebotenen Informationen gemessen, die sich dabei jedoch auf das we-

---

[140] vgl. Farny, D.: Versicherungsbetriebslehre, a.a.O., S. 352 f.
[141] vgl. ebenda, S. 354 f.

sentliche beschränken sollten. Situative Reize haben bei diesem Kundentyp nur geringen Einfluss auf den Entscheidungsprozess. Aufgrund fehlender Vergleichsinformationen wird der Preis eines Versicherungsproduktes eher anhand des erwarteten Nutzen bewertet, als anhand der Preise von Konkurrenzprodukten.[142]

Kunden von **Typ IIB** sind „nichtrationale passive Kundentypen". Ihr Informationsbeschaffungs- und -verarbeitungsverhalten orientiert sich am Verhalten in früheren oder ähnlichen Situationen. Oftmals ist es auch am Verhalten ihrer Umwelt und an gesellschaftlichen Normen ausgerichtet. Sie zeigen geringe Initiative bei der Informationsbeschaffung und können aus diesem Grund kein selbstständiges Anspruchsniveau im Bezug auf Versicherungsprodukte definieren. Ihre Entscheidungen sind damit stärker affektiv gesteuert und werden durch situative Reize beeinflusst. Unsicherheiten im Zusammenhang mit dem Preis-Leistungs-Verhältnis eines Versicherungsproduktes kompensieren sie durch Vertrauen in das Versicherungsunternehmen oder andere Institutionen.[143]

Obwohl alle dargestellten Kundentypologien Merkmale umfassen, die das Kaufverhalten einzelner Kundentypen abbilden, wird im weiteren Verlauf dieser Arbeit die beschriebene Kundentypen-Matrix nach *Farny* zugrunde gelegt. Die beispielhafte Anführung weiterer Kundentypologien sollte die Relevanz verdeutlichen, die verhaltensrelevanten Merkmalen für eine Kaufentscheidung zugemessen wird.

Die Kundentypologie nach Farny wurde für diese Arbeit ausgewählt, weil sie durch die starke Polarisierung sehr exemplarisch aufgebaut ist. Durch die Vereinfachung und die hohe Trennschärfe zwischen den einzelnen definierten Kundentypen wird die Zuordnung konkreter komplexitätsreduzierender Maßnahmen im weiteren Verlauf der Arbeit erleichtert.

---

[142] vgl. Mertens, M.: Kundentypologien im Versicherungsgeschäft, a.a.O., S. 217 f.
[143] vgl. Farny, D.: Versicherungsbetriebslehre, a.a.O., S. 353

5.3 Zuordnung von Verhaltensweisen zu den ausgewählten Kundentypen

Wie in der Kundentypologie nach *Farny* deutlich wird, weisen die verschiedenen Kundentypen unterschiedliche Verhaltensweisen im Kaufprozess auf. Diese variieren in Abhängigkeit von intellektuellen Fähigkeiten, vorhandenen Versicherungskenntnissen und persönlichem Involvement. Im Folgenden wird versucht, die in der Matrix sehr global dargestellten Verhaltensweisen einzelner Kundentypen zu konkretisieren. Dazu werden verschiedene Vorgehensweisen zur Reduzierung von Risiken im Kaufprozess vorgestellt und den definierten Kundentypen zugeordnet. Diese sogenannten Risikohandhabungsstrategien unterscheiden sich vor allem hinsichtlich Art und Umfang der einbezogenen Informationen und lassen sich folgendermaßen schematisieren: (siehe Abbildung 6)

Abbildung 6: Risikohandhabungsstrategien im Entscheidungsprozess
(Quelle: in Anlehnung an Kupsch, P. / Hufschmied, P.: Wahrgenommenes Risiko, a.a.O., S. 236)

Die dargestellten Vorgehensweisen im Kaufprozess dienen der Transformation des anfänglichen Kaufrisikos in ein tolerierbares Kaufrisiko.[144]
Die Methoden zur Reduzierung des Risikos können einerseits in Risikoreduzierung durch Informationsgewinnung und andererseits in Risikoreduzierung durch Informationsersatz unterschieden werden.[145]

---

[144] vgl. Kupsch, P. / Hufschmied, P.: Wahrgenommenes Risiko, a.a.O., S. 237
[145] vgl. ebenda, S. 237

Beide Methoden werden im Kaufprozess kombiniert verwendet. Welche der beiden Methoden dabei überwiegt, hängt vom Kundentypen und der empfundenen Komplexität im Entscheidungsprozess ab.

Die Risikominderung durch Informationsersatz kommt meist zum Einsatz, wenn Entscheidungssituationen als sehr komplex angesehen werden oder der Kunde ein geringes Involvement aufweist.[146] Der Kunde zieht, anstelle eines selbstentwickelten Qualitätsurteils, spezielle Ersatzkriterien zur Bewertung heran. Solche Ersatzkriterien sind beispielsweise der Bekanntheitsgrad und das Image einer Marke, das Urteil Dritter oder der Preis eines Produktes. Es ist anzunehmen, dass insbesondere die in der Matrix dargestellten IIB-Kundentypen zu dieser Vorgehensweise neigen.[147]

Häufig wird das Urteil Dritter als Informationsersatz herangezogen, da für den Kunden hier einen hoher Grad an Objektivität vorliegt. Als Dritte werden in diesem Zusammenhang meist als Experten eingeschätzte Personen oder Personengruppen herangezogen.[148] Das Vertrauen in die Entscheidung von Gruppen steigt dabei mit der Anzahl der Personen in einer Gruppe oder mit dem Grad der eigenen Identifizierung mit einer Gruppe.[149]

Dem Informationsersatz steht die Risikoreduzierung durch Informationsgewinnung gegenüber. Die Informationsgewinnung kann beispielsweise durch globale Erhöhung der Informationssuche erfolgen. Dabei werden vergleichsweise viele qualitätsrelevante Produktmerkmale für die Kaufentscheidung herangezogen.[150] Aufgrund der in Kapitel 5.2 dargestellten Verhaltensweisen ist anzunehmen, dass insbesondere IA-Kundentypen zu einer solchen Vorgehensweise tendieren.

Da es Versicherungskunden aufgrund der eingeschränkten menschlichen Informationsverarbeitungskapazität in den meisten Fällen nicht möglich ist, sämtliche Produktmerkmale in die Kaufentscheidung einzubeziehen, wird die Informationssuche häufig selektiv erhöht. Hierzu wird der Entscheidungsprozess auf wenige Alternativen und eine geringere Anzahl an Produkteigen-

---

[146] vgl. Kupsch, P. / Hufschmied, P.: Wahrgenommenes Risiko, a.a.O., S. 237 f.
[147] vgl. ebenda, S. 237
[148] vgl. Hagge, K.: Informations-Design, Heidelberg 1994, S.136
[149] vgl. ebenda, S. 136 f.
[150] vgl. Kupsch, P. / Hufschmied, P.: Wahrgenommenes Risiko, a.a.O., S. 237

schaften beschränkt.[151] Verbleibende Unsicherheiten können durch den Einbezug von Ersatzkriterien (Kombination mit der Risikominderung durch Informationsersatz) kompensiert werden.[152] Diese Vorgehensweise ist vor allem bei IB- und IIA-Kundentypen vorstellbar.[153]

5.4 Probleme bei der Merkmalserhebung

Wie in den vorangegangenen Kapiteln verdeutlicht wurde, sollte eine ideale Kundentypologie sowohl bedürfnis- als auch verhaltensrelevante Merkmale umfassen, um eine kundenindividuelle Informationsbereitstellung unterstützen zu können.

Insbesondere psychografische Merkmale stehen in engem Zusammenhang zu Verhaltensweisen, lassen sich aber nicht direkt erfassen.[154] Aus diesem Grund verwendet man in der Praxis häufig bestimmte Persönlichkeitsmerkmale als Ersatzindikatoren.[155, 156] Diese können vergleichsweise einfach durch eine direkte Abfrage erfasst werden. Anhand einzelner Persönlichkeitsmerkmale und insbesondere durch die Kombination mehrerer Merkmale, lassen sich Aussagen über Verhaltensweisen und potenzielle Bedürfnisse einzelner Kunden ableiten.[157] Diese Erkenntnisse ermöglichen es, dem Versicherungskunden die für ihn relevanten Informationen in geeignetem Umfang und geeigneter Form anzubieten.

Persönlichkeitsmerkmale sind neben den bereits vorgestellten psychografischen Merkmalen insbesondere demografische, sozioökonomische, geografische Merkmale.[158]

---

[151] vgl. Kroeber-Riel, W.: Konsumentenverhalten, a.a.O., S. 529 f.
[152] vgl. Kupsch, P. / Hufschmied, P.: Wahrgenommenes Risiko, a.a.O., S. 225
[153] vgl. Farny, D.: Versicherungsbetriebslehre, a.a.O., S. 352 ff.
[154] vgl. Mertens, M.: Kundentypologien im Versicherungsgeschäft, a.a.O., S. 154
[155] vgl. ebenda, S. 99
[156] vgl. Müller, H.: Marktsegmentierung im Privatkundengeschäft von Versicherungsunternehmen, Karlsruhe 1994, S. 256
[157] vgl. Mertens, M.: Kundentypologien im Versicherungsgeschäft, a.a.O., S. 231 f.
[158] vgl. Jänsch, N.: Mikrogeographische Marktsegmentierung in der Versicherungswirtschaft, Wiesbaden 1995, S. 23

5.5 Persönlichkeitsmerkmale als Indikatoren für Verhaltens- und Bedürfnismerkmale

5.5.1 Demografische Merkmale

Das Geschlecht, das Alter, der Familienstand sowie die Anzahl der Kinder werden als aussagefähigste demografische Merkmale betrachtet.[159, 160] Diese Merkmale lassen sich durch direkte Befragung leicht erfassen und geben tendenziell Auskunft über Bedürfnisse und Verhalten einzelner Versicherungskunden. Beispielsweise nimmt mit steigendem Alter die Risikosensibilität und die Erfahrung mit Versicherungsprodukten zu, so dass verstärkt individuellere und umfangreichere Risikoabsicherung nachgefragt wird.[161, 162] Des weiteren lassen sich Bedürfnisse aus dem Familienstand und der Anzahl der Kinder ableiten. Da ein verheirateter Versicherungskunde Verantwortung für mehrere Personen übernimmt, steigt der Bedarf an Absicherung der gesamten Familie. Insbesondere besteht bei verheirateten Personen mit Kindern eine signifikant höhere Nachfrage nach Personenversicherungen (z.B. Risikolebensversicherung), als dies für Ledige und Kinderlose der Fall ist.[163]

Demografische Merkmale sind geeignet, um Bedürfnisse und Verhaltensweisen, die direkt mit einem speziellen Versicherungsprodukt in Verbindung stehen, zu erklären bzw. zu prognostizieren.[164]

Das generelle Informationsbeschaffungs- und -verarbeitungsverhalten sowie Bedürfnisse, die nur indirekt abgeleitet werden können, sind mit demografischen Merkmalen nur unzureichend bestimmbar.[165, 166]

---

[159] vgl. Mertens, M.: Kundentypologien im Versicherungsgeschäft, a.a.O., S. 117
[160] vgl. Müller, H.: Marktsegmentierung im Privatkundengeschäft, a.a.O., S. 151
[161] vgl. Mertens, M.: Kundentypologien im Versicherungsgeschäft, a.a.O., S. 118
[162] vgl. Müller, H.: Marktsegmentierung im Privatkundengeschäft, a.a.O., S. 155
[163] vgl. Mertens, M.: Kundentypologien im Versicherungsgeschäft, a.a.O., S. 121
[164] vgl. ebenda, S. 129
[165] vgl. Munzer, I.: Mikrogeographische Marktsegmentierung im Database Marketing von Versicherungsunternehmen, URL: http://www.dissertation.de/PDF/im254.pdf, Stand: o.A., Abruf: 23.01.2002, MEZ: 19.12 Uhr, S. 41
[166] vgl. Müller, H.: Marktsegmentierung im Privatkundengeschäft, a.a.O., S. 172

5.5.2 Sozioökonomische Merkmale

Sozioökonomische Merkmale charakterisieren die gesellschaftliche und wirtschaftliche Stellung einer Person. Als Kriterien werden hierzu vorrangig die Bildung, der Beruf sowie das Einkommen verwendet.[167, 168]

Die *Bildung* eines Versicherungskunden steht im engen Zusammenhang zu seinen kognitiven Fähigkeiten. Je höher das Bildungsniveau ist, desto höher sind die kognitiven Fähigkeiten und desto mehr Informationen werden in den Entscheidungsprozess einbezogen.[169] Demgegenüber beschaffen Versicherungskunden mit geringerem Bildungsniveau weniger Informationen im Kaufprozess und empfinden dadurch ein höheres Abschlussrisiko. Dieser Informationsmangel wird teilweise durch das Vertrauen in den Versicherer kompensiert.[170] Vertrauen kann insbesondere durch die Art der Beratung bzw. Informationsbereitstellung erzeugt werden. Dabei ist vor allem die Verdeutlichung des Zusammenhanges zwischen dem Bedürfnis des Versicherungskunden und dem Versicherungsprodukt zur Reduzierung des Kaufrisikos von Bedeutung. Aufgrund der geringeren kognitiven Fähigkeiten fragen Kunden mit niedrigerem Bildungsniveau besonders standardisierte bzw. vorkonfigurierte Versicherungsprodukte nach.[171] Indirekt wird demnach erwartet, dass der Versicherer dem Kunden teilweise Entscheidungen abnimmt.[172]

Dem gegenüber sind Versicherungskunden mit höheren Bildungsniveau eher in der Lage, ihre Risikosituation rational einzuschätzen und fragen dadurch spezialisierten Versicherungsschutz nach, der auf ihre individuellen Bedürfnisse abgestimmt ist.[173]

Anhand des ausgeübten *Berufes* lassen sich ähnliche Aussagen wie anhand der Bildung eines Versicherungskunden treffen, da diese in engem Bezug zueinander stehen. Berufe besitzen demnach eine große Aussagekraft über die intellektuellen Fähigkeiten einer Person. Besonders Selbständige und

[167] vgl. Kroeber-Riel, W.: Konsumentenverhalten, a.a.O., S. 586
[168] vgl. Müller, H.: Marktsegmentierung im Privatkundengeschäft, a.a.O., S. 175
[169] vgl. Silberer, G.: Verwendung von Güterinformationen im Konsumentenbereich, in: Konsumentenverhalten und Information, hrsg. von Meffert, H. u.a., Wiesbaden 1979, S. 97
[170] vgl. Mertens, M.: Kundentypologien im Versicherungsgeschäft, a.a.O., S. 132
[171] vgl. ebenda, S. 132 f.
[172] vgl. ebenda, S.132
[173] vgl. ebenda, S.133

leitende Angestellte lassen auf höhere kognitive Fähigkeiten schließen.[174]
Gleichzeitig geben die Berufe Hinweise auf potenzielle Bedürfnisse spezieller
Berufsgruppen, die besonders im Renten- und Krankenversicherungsbereich
liegen.[175] So besteht für Selbstständige die Möglichkeit, die gesetzliche Sozi-
alversicherung durch private Vorsorgemechanismen, wie eine Rentenversicherung, zu ersetzen.

Analoge Rückschlüsse lässt die Höhe des *Einkommens* eines Kunden zu, da
wiederum eine starke Beziehung zum ausgeübten Beruf und dem Bildungsniveau besteht. Hochqualifizierten bzw. akademischen Berufen stehen meist
hohe Einkommen gegenüber. Dies lässt wiederum die Annahme zu, dass ein
hohes Einkommen ein Indikator für Personen mit höheren intellektuellen Fähigkeiten ist.[176]

Personen mit hohem Einkommen legen bei Spar- / Entspargeschäften tendenziell größeren Wert auf Rentabilität der Kapitalanlage. Personen mit niedrigerem Einkommen legen dagegen tendenziell größeren Wert auf sichere
Kapitalanlagen.[177]

Wie der ausgeübte Beruf lässt auch die Höhe des Einkommens spezielle
Rückschlüsse auf die Bedürfnisse zu. Liegt beispielsweise das Bruttoein-
kommen über der Jahresarbeitsverdienstgrenze[178], ist es dem Kunden möglich, sich von der gesetzlichen Krankenversicherung befreien zu lassen und
alternativ eine private Krankenversicherung abzuschließen. Da das Einkommen Annahmen über das Volumen der Versicherungsnachfrage zulässt, ist
dieses Merkmal für den Versicherer von besonderer Bedeutung.

Zusammenfassend lässt sich feststellen, dass sozioökonomische Merkmale
Rückschlüsse auf konkrete Bedürfnisse erlauben. Insbesondere die Höhe
des Einkommens lässt Aussagen über die Art und den Umfang eines Versicherungsbedarfs zu. Anhand der Bildung und des ausgeübten Berufes eines
Versicherungskunden können Aussagen über dessen Informationsbeschaf-
fungs- und -verarbeitungsverhalten getroffen werden.

---

[174] vgl. Mertens, M.: Kundentypologien im Versicherungsgeschäft, a.a.O. 134 f.
[175] vgl. Müller, H.: Marktsegmentierung im Privatkundengeschäft, a.a.O., S. 194
[176] vgl. ebenda, S. 144 f.
[177] vgl. Mertens, M.: Kundentypologien im Versicherungsgeschäft, a.a.O., S.139
[178] vgl. Sozialgesetzbuch V der Bundesrepublik Deutschland, § 5

5.5.3 Geografische Merkmale

Die geografischen Merkmale eines Versicherungskunden beziehen sich meist auf den aktuellen Wohnort und die Region, in der sich dieser befindet. Regionen werden diesbezüglich in Stadt- / Landregionen, politisch-administrative Regionen, wirtschaftliche Strukturräume und Ballungsgebiete unterteilt.[179] Geografische Merkmale sind zur Beschreibung des Beschaffungsverhaltens und der Bedürfnisse von Versicherungskunden nur bedingt geeignet, da innerhalb einer Region diesbezüglich große Abweichungen zwischen einzelnen Kunden auftreten können.[180]

Abhilfe können hier mikrogeografische Segmentierungen[181] schaffen, da sie der Merkmalsstreuung entgegen wirken.[182] Ursache hierfür ist der sogenannte „Neighbourhood-Effekt", der eine räumliche Konzentration von Personen mit ähnlichen sozio-ökonomischen Charakteristika beschreibt.[183]

Für Versicherungsunternehmen sind geografische Merkmale vordergründig zur Einschätzung des Risikopotenzials von Versicherungskunden von Bedeutung.[184, 185]

5.5.4 Kombination von Persönlichkeitsmerkmalen zur Identifizierung von Lebensphasen

Das personenbezogene Lebensphasenkonzept geht davon aus, dass der Mensch von seiner Geburt bis zum Tod gewisse Lebensphasen durchläuft, in denen er unterschiedliche Vorsorge- und Sicherheitsbedürfnisse hat und dementsprechend unterschiedlichen Versicherungsschutz nachfragt.[186]

---

[179] vgl. Jänsch, N.: Mikrogeographische Marktsegmentierung in der Versicherungswirtschaft, a.a.O., S. 23

[180] vgl. Munzer, I.: Mikrogeographische Marktsegmentierung, a.a.O., S. 43

[181] Im Gegensatz zu den traditionellen geografische Merkmalen werden bei der mikrogeografischen Segmentierung nicht großflächige geografische Strukturräume betrachtet, sondern es wird eine möglichst kleine räumliche Abgrenzung (z.B. Stadtteile) angestrebt.

[182] siehe hierzu: Jänsch, N.: Mikrogeographische Marktsegmentierung in der Versicherungswirtschaft, a.a.O., S. 29 f.

[183] vgl. ebenda, S. 29

[184] vgl. Mertens, M.: Kundentypologien im Versicherungsgeschäft, a.a.O., S.153

[185] vgl. Munzer, I.: Mikrogeographische Marktsegmentierung, a.a.O., S. 43

[186] vgl. Erdmann, G.: Individuelle Risikovorsorgeberatung, a.a.O., S. 45 f.

Ein Lebensphasenkonzept des privaten Haushalts kann beispielsweise die Phasen Gründung, Aufbauphase, Konsolidierungsphase, Abbauphase und Auslaufphase umfassen.[187] Durch die Kombination verschiedener Persönlichkeitsmerkmale können einzelne Phasen identifiziert und dadurch ein bedarfsgerechtes Informations- und Produktangebot ermöglicht werden. Ein Beispiel hierfür ist die Kombination der demografischen Merkmale „Familienstand", „Kinderzahl" und „Alter".[188]

5.6 Zusammenfassung

Wie in den vorangehenden Kapiteln verdeutlicht wurde, ist zur Unterstützung des Kunden im Kaufprozess die Reduzierung des individuellen Komplexitätsempfindens von entscheidender Bedeutung. Dies kann insbesondere durch die Individualisierung der Informationsbereitstellung erfolgen. Individuelle Informationsbereitstellung bedeutet dabei die Ausrichtung des Informationsangebotes an den Bedürfnissen und dem spezifischen Kaufverhalten eines Kunden. Voraussetzung hierfür ist eine Kundentypologie, die dahingehende Aussagen zulässt. Da sich insbesondere die Erfassung von Verhaltensmerkmalen schwierig gestaltet, können Persönlichkeitsmerkmale als Ersatzindikatoren herangezogen werden. Diese können durch Befragung relativ einfach erfasst werden und ermöglichen Rückschlüsse auf Bedürfnisse und Verhaltensweisen.

Auf Basis einer Kundentypologie, die die oben beschriebenen Anforderungen erfüllt, können im Internet verschiedene Maßnahmen und Mechanismen zur Komplexitätsreduzierung eingesetzt werden. Ihre Wirkung ist dabei abhängig vom jeweiligen Kundentyp.

Im folgenden Kapitel werden ausgewählte Maßnahmen und Mechanismen vorgestellt und deren komplexitätsreduzierende Wirkung auf bestimmte Kundentypen erklärt. Als Ausgangspunkt der Betrachtungen werden spezifische Eigenschaften des Internet erläutert, die das Komplexitätsempfinden eines Kunden beeinflussen können.

---

[187] vgl. Farny, D.: Versicherungsbetriebslehre, a.a.O., S. 350
[188] vgl. Mertens, M.: Kundentypologien im Versicherungsgeschäft, a.a.O., S. 125 f.

6 Komplexitätsreduzierende Maßnahmen zur Online-Unterstützung des Vertriebs von komplexen Versicherungsprodukten

6.1 Eigenschaften des Internet mit komplexitätsreduzierendem Potenzial

Grundsätzlich verfügt das Medium Internet über Eigenschaften, die besonders zur Reduzierung der Informations- und Situationskomplexität im Kaufprozess geeignet sind. Zu diesen Eigenschaften zählen vor allem die **Interaktivität,** die **Multimedialität** und die **Vernetzung** sowie die **Ubiquität** und die **Anonymität.**[189]

Die **Interaktivität** ermöglicht es dem Kunden, das Informationsangebot durch Rückmeldungen zu beeinflussen und nach seinen Bedürfnissen anzupassen. Hierbei werden Daten aktiv vom Kunden zum Versicherer übertragen und umgekehrt. Das schafft einerseits für den Kunden die Grundlage, seine Bedürfnisse aktiv mitzuteilen, anderseits entsteht für den Versicherer dadurch die Möglichkeit das Informationsangebot individuell am Kunden auszurichten.[190]

Die Interaktivität im Internet basiert auf dem Prinzip der **Vernetzung** von hformationen (Hypertextprinzip[191]). Dadurch ist es möglich, Informationen nicht nur sequenziell-fortlaufend zu präsentieren, sondern jedem Nutzer individuelle Informationspfade anzubieten.[192]

Eine weitere Eigenschaft des Internet ist die **Multimedialität,** die es ermöglicht, verschiedene Medien integriert zu nutzen (*Medien-Integration*). Dabei werden durch visuelle und auditive Darstellungsformen (*Multicodalität*) verschiedene Sinneskanäle (*Multimodalität*) gleichzeitig angesprochen. Die Voraussetzung hierfür ist durch die Möglichkeit gegeben, alle digitalisierbaren

---

[189] vgl. Stähler, P.: Geschäftsmodelle in der digitalen Ökonomie, Lohmar / Köln 2001, S. 106 ff.
[190] vgl. ebenda, S. 109
[191] Das Hypertextprinzip beschreibt die netzwerkartige Verknüpfung von Informationen durch sogenannte Links.
[192] vgl. Bliemel, F. / Fassott, G. / Theobald, A.: Electronic Commerce, Wiesbaden 1999, S. 241

Informationen zu speichern, zu verarbeiten und zu übertragen (Digitalisierung).[193]

Die dargestellte Verbindung von Multimedialität mit direkten Interaktionsmöglichkeiten in anwender- und aufgabenadäquater Form kann die Effizienz und die Effektivität der Informationsaufnahme und -verarbeitung erhöhen.[194] Eine weitere Besonderheit des Internets ist die räumliche und zeitliche Unabhängigkeit (Ubiquität). Dem Kunden ist es damit freigestellt, wann und wo er auf das Informationsangebot des Versicherers zugreift. Einen Internetzugang vorausgesetzt, kann der Kunde sein Umfeld frei wählen. Dadurch ist es ihm möglich, ungewohnte Reize, die ihn bei der Informationsaufnahme behindern könnten, zu vermeiden. Gleichzeitig ist er in der Lage, den Zeitpunkt und die Dauer der Informationsaufnahme nach eigenem Ermessen festzulegen, ohne auf zeitliche Restriktionen eines Gesprächspartners Rücksicht nehmen zu müssen.
Eine wichtige Rolle spielt auch die mit der Internetnutzung verbundene Anonymität des Kunden im Entscheidungsprozess. Diese Anonymität kann zur Verstärkung des Involvement eines Kunden führen, da mögliche negative Konsequenzen von Aktionen an Bedeutung verlieren.

Um das Potenzial des Internets als Vertriebs- und Beratungskanal maximal nutzen zu können, sind die Eigenschaften, die dieses Medium von anderen abheben, zu berücksichtigen und gezielt einzusetzen. Insbesondere sind Prozesse, Struktur und Inhalte eines Webauftrittes an den Bedürfnissen und Verhaltensweisen der Kunden auszurichten.[195]

---

[193] vgl. Blumstengel, A.: Entwicklung hypermedialer Lernsysteme,
URL: http://dsor.uni-paderborn.de/de/forschung/publikationen/blumstengel-diss/,
Stand: 1998, Abruf: 10.03.2002. MEZ: 22.41 Uhr
[194] vgl. Scheed, B. A.: Informationspräsentation, a.a.O., S. 83
[195] vgl. Stähler, P.: Geschäftsmodelle in der digitalen Ökonomie, a.a.O., S.120

6.2 Ausgewählte Maßnahmen / Mechanismen zur Komplexitätsreduzierung im Internet

6.2.1 Die Gestaltung der Benutzerschnittstelle

Die Website eines Versicherungsunternehmens stellt die Schnittstelle zum Kunden über das Internet dar. Dem Kunden müssen in adäquater Weise bedarfsrelevante (Produkt-)Informationen angeboten werden, die es ihm ermöglichen, Unsicherheiten im Kaufprozess ausreichend zu reduzieren. Struktur, Inhalte und Interaktionsmöglichkeiten eines Webauftritts dienen dabei als Mittel, um dem Kunden mehr oder weniger komplexe Sachverhalte zu verdeutlichen und ihn effektiv und effizient im Entscheidungsprozess zu unterstützen.[196] Aus diesem Grund sollten Gestaltung und Funktionsweise der Benutzeroberfläche keine zusätzliche Komplexität beim Benutzer erzeugen. In diesem Zusammenhang wird in der Literatur häufig der Begriff *Usability*[197] verwendet. Usability umfasst eine Vielzahl von Gestaltungsmöglichkeiten, die von der Farbwahl über Schriftartenverwendung bis hin zur Websitestrukturierung reicht.[198] Eine detaillierte Betrachtung aller Faktoren der Usability kann aufgrund des begrenzten Rahmens dieser Arbeit hier nicht vorgenommen werden. Im Folgenden sollen daher insbesondere die Aspekte der Usability betrachtet werden, die das Informationsbeschaffungs- und -verarbeitungsverhalten und damit das Komplexitätsempfinden eines Kunden besonders beeinflussen können.

Dies sind insbesondere die Navigation, die Interaktion sowie die Informationspräsentation auf einer Versicherungswebsite. Die Konsistenz der Verwendung dieser Gestaltungsmittel ist ein weiteres Kriterium, das die Komplexität beeinflussen kann.

---

[196] siehe hierzu: Manhartsberger, M. / Musil, S.: Web Usability, a.a.O., S. 110 ff.
[197] In der ISO-NORM 9241-11 wird auch von Softwareergonomie gesprochen und als „...die Effektivität, Effizienz und Zufriedenheit, mit denen bestimmte Nutzer spezifische Ziele in einer vorgegebenen Umgebung erreichen" definiert.
Manhartsberger, M. / Musil, S.: Web Usability, a.a.O., S. 38 f.
[198] siehe hierzu: Manhartsberger, M. / Musil, S.: Web Usability, a.a.O.

6.2.1.1 Navigation

Als Navigation wird die aktive Fortbewegung des Kunden innerhalb der In-haltsstruktur einer Versicherungswebsite durch die Verwendung von Ver-knüpfungen (Hyperlinks) bezeichnet. Je nach Verwendungszweck und Inter-aktionsgrad kann der Inhalt dabei in hierarchischer, linearer oder netzartiger Form strukturiert we rden.[199]

Das Ziel der Navigation wird durch das Motiv der Informationssuche be-stimmt. Auf Versicherungswebsites handelt es sich hierbei meist um versi-cherungsrelevante (Informations-) Bedürfnisse des Kunden.

In Abhängigkeit vom Involvement der einzelnen Kunden und ihren individue l-len Vorkenntnissen bestehen unterschiedliche Erwartungen und Vorstellun-gen im Bezug auf Umfang und Struktur der Informationspräsentation.[200]

Hoch involvierte Kunden mit versicherungsspezifischem Vorwissen haben in der Regel konkretere Vorstellungen, als schwach Involvierte mit geringen Vorkenntnissen. Das Involvement bestimmt dabei, inwieweit der Kunden selbständig recherchiert oder ob er eher sequenziell durch das Informations-angebot geführt werden muss.[201] Dieser Aspekt ist insbesondere für die Ges-taltung der Startseite eines Webauftrittes von großer Bedeutung, da hier alle Kundentypen im Bezug auf ihre Bedürfnisse „aktiviert" werden müssen. Hier-zu kann auf spezielle Schlüsselreize zurückgegriffen werden.

Kunden, die aufgrund mangelnder Versicherungskenntnisse ihre Risikositua-tion nur unzureichend einschätzen können, können besonders durch Begrif-fe, die einen Bezug zu ihrem realen Leben aufweisen, angesprochen wer-den. Beispielsweise sind hier bestimmte Lebensphasen[202] oder -situationen, wie Berufstart oder Geburt eines Kindes vorstellbar. Für Kunden die weniger kognitiv als vielmehr affektiv gesteuert sind, bieten sich insbesondere Bilder, die mit Emotionen verbunden sind, als Stimuli an. Wichtig ist in diesem Be-

---

[199] vgl. Manhartsberger, M. / Musil, S.: Web Usability, a.a.O., S. 122
[200] vgl. ebenda, S. 110
[201] vgl. Kerres, M.: Didaktische Konzeption multimedialer und telemedialer Lern-umgebungen, URL: http://www.tele-ak.fh-furtwangen.de/angebot -frei/begleitmaterial/dk-mmtl.pdf, Stand: 1999, Abruf: 26.01.2002, MEZ: 12.35 Uhr
[202] siehe hierzu: Kap. 5.5.4 Kombination von Persönlichkeitsmerkmalen zur Identifizierung von Lebensphasen

zug die nachvollziehbare Verknüpfung zwischen Produkt und Bild, da ansonsten falsche Erwartungen entstehen können.[203]

Demgegenüber suchen Kunden mit Versicherungskenntnissen eher direkt nach konkreten Produkten, wie beispielsweise einer Haftpflicht- oder Krankenversicherung, da die Bedarfsrelevanz dieser Produkte bekannt ist.[204] Die differenzierte Informationsbereitstellung für Kunden mit unterschiedlichen Vorkenntnissen und Motiven entspricht dem Prinzip der *Knowledge Segementation*.[205] Knowledge Segementation bedeutet, durch Informationsverknüpfungen (Hyperlinks) verschiedene Wege anzubieten, die zu spezifischen Detailinformation führen.[206] Die Informationen sind dabei so zu strukturieren, dass es möglich ist, von allgemeineren zu spezielleren Versicherungs- oder Produktinformationen zu gelangen.[207] Diese Art der Informationsstrukturierung kann durch Hierarchieebenen innerhalb einer Website abgebildet werden (siehe Abbildung 7)

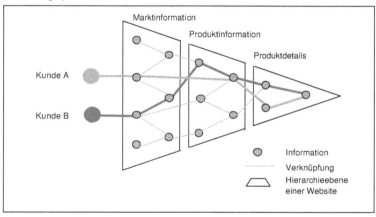

Abbildung 7 : Knowledge Segmentation
(Quelle: in Anlehnung an Zellweger, P.: Webbased Sales, a.a.O., S. 87)

[203] vgl. Hagge, K.: Informations-Design, a.a.O., S. 200
[204] vgl. Adelt, P. / Dehm, H. / Schulte, K.: Internetmarketing, a.a.O, S. 89
[205] vgl. Zellweger, P.: Webbased Sales: Defining the Cognitive Buyer, in: SCN Education B.V. (Hrsg): Webvertising, Braunschweig / Wiesbaden 2000, S. 87 f.
[206] vgl. Adelt, P. / Dehm, H. / Schulte, K.: Internetmarketing, a.a.O., S. 88
[207] vgl. Lödel, D.: Produktberatung in einem Angebotssystem, a.a.O., S. 25

Hierbei ist darauf zu achten, dass durch die Anzahl der möglichen Informationspfade keine zusätzliche Komplexität entsteht.[208]

Um dem Kunden eine intuitive Navigation zu ermöglichen, sind weitere Aspekte zu berücksichtigen.[209] So sollten *Orientierungshilfen* den Kunden darüber informieren, an welcher Position er sich innerhalb der Inhaltsstruktur befindet bzw. welcher Zusammenhang zwischen der angezeigten Information und der Gesamtproblematik besteht. Des Weiteren sollten Handlungshinweise für die weitere Vorgehensweise gegeben werden.[210] Die Navigation des Kunden auf einer Website steht in engem Zusammenhang mit der Möglichkeit der *Interaktion*.

6.2.1.2 Interaktion

Interaktion bedeutet in diesem Zusammenhang, dass der Nutzer aktiv den Ablauf des Informationsprozesses auf einer Website beeinflussen kann.[211] Diesbezüglich können eine Reihe von verschiedenen Interaktionsformen eingesetzt werden. Die Eignung bestimmter Interaktionsformen ist dabei stark vom Verwendungszweck abhängig.

Im Folgenden wird eine Klassifikation von Interaktionsformen und deren generellen Einsatzmöglichkeiten dargestellt. (siehe Abbildung 8)

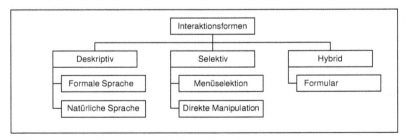

Abbildung 8: Klassifizierung von Interaktionsformen
(Quelle: Scheed, B. A.: Informationspräsentation, a.a.O., S. 82)

---

[208] vgl. Bruhn, M.: Multimedia-Kommunikation, a.a.O., S. 88
[209] vgl. ebenda, S. 89
[210] vgl. Scheed, B. A.: Informationspräsentation, a.a.O., S. 94
[211] vgl. Stähler, P.: Geschäftsmodelle in der digitalen Ökonomie, a.a.O., S. 106 ff.

Zu den deskriptiven Interaktionsformen zählen die *formale* und die *natürliche Sprache*.[212]

Formale Sprache zeichnet sich durch eine feste Eingabe-Syntax aus und wird meist für interne oder externe Suchfunktionen verwendet. Die Benutzung erfolgt hierbei durch Eingabe von Suchbegriffen, die mit logischen Operatoren (z.B. UND, ODER) verbunden werden können. In großen Informationsbeständen setzt die effiziente Nutzung einer solchen Interaktionsmöglichkeit die genaue Kenntnis der Eingabe-Syntax voraus und ist somit für Unerfahrene wenig geeignet.[213]

Demgegenüber kann der Kunde bei der Texteingabe in Form *natürlicher Sprache* seine im realen Leben gewohnten Kommunikationsformen verwenden. Für den Kunden ist es dadurch nicht notwendig, dass er sich auf eine möglicherweise unbekannte Kommunikationsform einstellen muss. Durch die vergleichsweise einfache Handhabung verlieren insbesondere unerfahrene Kunden anfängliche Schwellenängste. Ein Nachteil besteht darin, dass komplexe Sachverhalte per Texteingabe nur schwer dargestellt werden können.[214]

Die Interaktion per natürlichsprachlicher Texteingabe wird in letzter Zeit besonders in Verbindung mit virtuellen Versicherungsberatern (siehe Kapitel 6.2.4) eingesetzt.

Zur Kategorie der selektiven Interaktionsformen gehören die *Menüselektion* und die *direkte Manipulation*.[215]

Wie der Name der *Menüselektion* andeutet, ist es dem Kunden hierbei möglich, aus einer Reihe von vorgegebenen Menüpunkten zu wählen. Menüstrukturen können hinsichtlich ihrer Gestaltung und Funktionsweisen stark variieren (z.B. statische Menüs oder Pulldown-Menüs).[216]

Die Menüselektion besitzt bei aussagekräftiger Bezeichnung der Menüpunkte einen hohen Selbsterklärungsgrad und minimiert die Fehlerwahrscheinlichkeit im Vergleich zu Interaktionsformen durch Texteingabe. Demgegenüber

---

[212] vgl. Scheed, B.A.: Informationspräsentation, a.a.O., S. 82
[213] vgl. ebenda, S. 82
[214] vgl. ebenda, S. 83
[215] vgl. ebenda, S. 83
[216] vgl. Manhartsberger, M. / Musil, S.: Web Usability, a.a.O., S. 221 ff.

kann sich der Interaktionsaufwand durch die vorgegebene hierarchische Gliederung erhöhen.[217]

Die *direkte Manipulation* ist eine Interaktionsform, bei der grafisch visualisierte Objekte per Mouse-Operationen bewegt, verändert oder in bestimmte Relationen gesetzt werden können.[218] Jede Aktion des Benutzers wirkt sich dabei direkt auf die Darstellung des Informationsobjektes aus.

Ein Beispiel der direkten Manipulation ist die Demonstration einer Rentenversicherung auf der Website der Hamburg-Mannheimer Versicherung (siehe Abbildung 9).[219] Dem Kunden ist es hier möglich, mehrere Variablen, die den Verlauf und die Höhe der zukünftigen Rente beeinflussen, direkt zu verändern (siehe Pfeile in Abbildung 9). Die Wirkung der Manipulation wird in der grafischen Darstellung des Rentenzahlungsverlaufs sofort sichtbar.

Durch den unmittelbaren Aktions-Reaktions-Zusammenhang kann der Kunde diverse Szenarien in kurzer Zeit simulieren und lernt so „spielerisch", die generelle Funktionsweise einer Rentenversicherung kennen.[220]

Die Kombination der direkten Manipulation mit einer Visualisierung fördert den explorativen Lernstil und erhöht dadurch das Involvement eines Kunden. Gleichzeitig wird die kognitive Belastung des Kunden reduziert.[221]

---

[217] vgl. Scheed, B. A.: Informationspräsentation, a.a.O., S. 83
[218] vgl. Hoffmann, N. / Reimelt, G. H. / Sudhoff, W. / Senn, J.: Design von komplexen Interaktionsflächen in Internet-Anwendungen,
URL: http://www.uni-karlsruhe.de/~urd0/Glossar2.htm,
Stand: 2000, Abruf: 25.02.2002, MEZ: 16.14 Uhr
[219] Ein weiteres Praxisbeispiel für direkte Manipulation befindet sich im Anhang. (siehe Abbildung 19)
[220] vgl. Heinsen, A.: Privatkundenprodukte, Karlsruhe 2001, S.117
[221] vgl. Scheed, B. A.: Informationspräsentation, a.a.O., S. 83

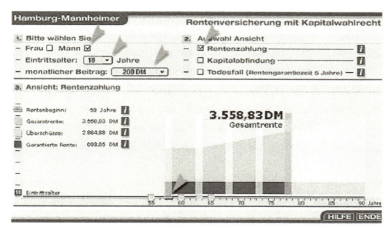

Abbildung 9: Die interaktive Demonstration einer Rentenversicherung

(Quelle: URL: http://www.hamburg-mannheimer.de/, Stand: o. A., Abruf: 25.02.2002, MEZ: 12.34 Uhr)

Ein Beispiel für *hybride Interaktionsformen* auf einer Website sind Formulare. In Formularen ist es möglich, verschiedene Interaktionsformen parallel zu verwenden.[222] Möglich sind hier bspw. Texteingabefelder, Auswahllisten und Checkboxen.[223] In der Praxis werden Formulare häufig für Datenerhebungen eingesetzt. Dabei ist zu beachten, dass durch unpassende Formulargestaltung das Komplexitätsempfinden negativ beeinflusst werden kann, wenn Kenntnisse des Eingabeformates und möglicher Wertebereiche einer Informationsabfrage vorausgesetzt werden.

Gleichzeitig ist der, vom Kunden eingeschätzte, Aufwand-Nutzen-Aspekt zu berücksichtigen, da eine längere sequenzielle Datenabfrage ohne Feedback die Motivation und dadurch das Involvement negativ beeinflussen kann.[224]

Um bereits bei der Datenabfrage die Informationskomplexität weitgehend zu reduzieren, kann auf verschiedene Verfahren der Informationsabfrage zurückgegriffen werden.

In Abhängigkeit davon, inwieweit Alternativen vorgegeben werden können, ist es möglich, die Dateneingabe im Voraus sinnvoll einzuschränken. Bei-

---

[222] vgl. Scheed, B. A.: Informationspräsentation, a.a.O., S. 83
[223] vgl. Manhartsberger, M. / Musil, S.: Web Usability, a.a.O., S. 221 ff.
[224] vgl. Tölle, K.: Informationsverhalten der Konsumenten, a.a.O., S.110 f.

spielsweise können bei der Abfrage des Familienstands unabhängig vom Kundentyp die Alternativen ledig, verheiratet, geschieden oder verwitwet vorgegeben werden. In diesem Fall muss sich der Kunde nicht mit der Anzahl oder der Formulierung der Alternativen auseinandersetzen.[225] Insbesondere bei Produktausprägungen ist - falls dies möglich ist - ein eingeschränktes Alternativenangebot wichtig, da Kunden hier oftmals keine konkreten Vorstellungen haben. Selbstverständlich müssen an dieser Stelle Informationen zu den bestehenden Unterschieden oder Konsequenzen der Auswahl angeboten werden.

Können Alternativen aufgrund der großen Anzahl im Voraus nicht eingeschränkt werden, ist zumindest das Eingabeformat und der mögliche Wertebereich vorzugeben (z.B. Datumsangabe: TT.MM.JJ).[226]

Speziell bei freier Texteingaben ist ein Fehlermanagement notwendig, das den Kunden auf Fehler in seiner Eingabe hinweist und ihm gegebenenfalls spezielle Hilfestellungen anbietet.[227]

Einen großen Beitrag zur Komplexitätsreduzierung kann das Ein- und Ausblenden *bedingungsabhängiger Angaben* leisten. In vielen Formularen sind einzelne Angaben und teilweise ganze Abschnitte vom Inhalt vorhergehender Eingaben abhängig. Da ein Kunde im ersten Überblick erwartet, alle angezeigten Felder eines Formulars ausfüllen zu müssen, erhöhen selbst die Felder, die möglicherweise für ihn überhaupt nicht relevant sind, die Informationskomplexität. Mit Hilfe dynamischer Seitengestaltung können solche abhängigen Bereiche aus- oder eingeblendet werden.[228]

Aus eben genanntem Grund bietet es sich ebenfalls an, längere Formulare in *Sinnabschnitte* aufzuteilen und schrittweise ausfüllen zu lassen. Hierbei sollte dem Kunden der Gesamtaufwand im Vorfeld mitgeteilt werden.[229]

---

[225] vgl. Kortzfleisch, H.F.O. / Nünninghoff, K. / Winand, U.: Ansatzpunkte für die Entwicklung haushaltsgerechter Benutzeroberflächen beim Einsatz neuer Medien- und Kommunikationssysteme an der Kundenschnittstelle, in: Wirtschaftsinformatik Nr. (39) 1997, Heft 3 , S. 255 f.
[226] vgl. Manhartsberger, M. / Musil, S.: Web Usability, a.a.O., S. 229 f.
[227] vgl. ebenda, S. 202
[228] vgl. Kortzfleisch, H.F.O u.a.: Ansatzpunkte der Entwicklung, a.a.O., S. 256
[229] vgl. ebenda, S. 256

6.2.1.3 Informationspräsentation

Wie bereits in Kapitel 3.3.2.1.2 gezeigt wurde, hat die Präsentationsform der Informationen großen Einfluss auf die empfundene Informationskomplexität. Durch die Multimedialität des Internets stehen visuelle und auditive Mittel zur Informationspräsentation zur Verfügung.

Die Verwendung auditiver Mittel ist an spezielle technische Voraussetzungen gebunden, die zur Zeit oftmals nicht erfüllt sind.[230] Aus diesem Grund wird im Folgenden auf visuelle Mittel der Informationspräsentation fokussiert.

Die visuelle Darstellung von Informationen auf einer Website kann in Form von Texten oder Grafiken bzw. Bildern erfolgen. Entsprechend dem *Cognitive Fit* sind diese Präsentationsformen in Abhängigkeit vom Zweck der Aussage zu wählen.

So eignet sich beispielsweise Text bzw. die verbale Darstellung besonders, um qualitative Bewertungen, Begründungen und Beschreibungen von Zusammenhängen darzustellen.[231] Durch die Eindeutigkeit kann auf die Textform insbesondere bei diskreten Merkmalen, wie Produkttarifen oder vertragsrechtlichen Bestimmungen nicht verzichtet werden.[232]

Demgegenüber eignen sich visuelle Darstellungen mit Hilfe von Grafiken besonders, um Sachverhalte wie

- Strukturen,
- Rangfolgen,
- Entwicklungen im Zeitverlauf,
- Relationen und
- Korrelationen zu verdeutlichen. [233]

---

[230] vgl. Kriesel, K.: Und jetzt ganz ohne Player, in: Streaming Business Magazin, Nr. 04 / 2002, S. 46

[231] vgl. Leßweng, H.: Computergestützte Tabellenkalkulation am Beispiel von Microsoft Excel, URL: http://www-bior.sozwi.uni-kl.de/bior/lehre/vorles/pal/info/unterlagen/download2001/PAL_Tabelle_1.pdf, Stand 2001, Abruf: 04.03.2001, MEZ: 16.27 Uhr, S. 258

[232] vgl. Sponholz, U.: Effizienz von Grafiken, a.a.O., S. 91

[233] vgl. Leßweng, H.: Computergestützte Tabellenkalkulation am Beispiel von Microsoft Excel, a.a.O., S. 263

Im Vergleich zur Präsentation in Textform kann der Kunde Informationen, die durch Grafiken dargestellt werden, schneller aufnehmen.[234] Insbesondere eignen sich Grafiken, um einen raschen Überblick über die Gesamtproblematik zu vermitteln. Durch bildliche Darstellung und die sinnvolle Aggregation und Begrenzung von Informationsangeboten kann die Informationskomplexität stark reduziert werden.[235] Beispielsweise kommt es beim Vergleich von Alternativen nicht auf die absolute Bewertung, sondern vielmehr auf relative Unterschiede an.[236] Ein weiteres Beispiel in diesem Zusammenhang ist die Darstellung von Texten im sogenannten „Pyramidenstil", die es dem Kunden ermöglicht, sich vom Überblick zum Detail vorzuarbeiten. Der schlagwortartigen Überschrift folgt dabei eine Kurzfassung der dargestellten Inhalte und erst im Anschluss werden Detailinformationen präsentiert. Dem Nutzer ist es dadurch möglich, die gesuchte Information möglichst schnell zu finden.[237]

Wie in Kap. 6.2.1.2 gezeigt wurde, kann durch die Kombination der grafischen Visualisierung mit der direkten Manipulationsmöglichkeit durch den Kunden dessen Involvement und damit die Informationsaufnahme gesteigert werden.

Durch die sinnvolle Verknüpfung von Grafik und Text wird für den Kunden die schnelle und einfache Erfassung der Informationen ermöglicht und gleichzeitig die Eindeutigkeit der Informationen gewährleistet.[238]

6.2.1.4 Konsistenz

Die Konsistenz der Benutzeroberflächengestaltung ist eine weitere Voraussetzung, um insbesondere die Situationskomplexität für den Kunden zu reduzieren. Mit der Konsistenz ist die intuitive Benutzung gewährleistet, da der Kunde auf bereits Gelerntes zurückgreifen kann und sich nicht permanent neu orientieren muss. Hierdurch können zusätzliche kognitive Belastungen verhindert werden.

Die Konsistenz ist in dieser Hinsicht auf ihre *Syntaktik* und *Semantik* zu betrachten.

[234] vgl. Bänsch, A.: Käuferverhalten, 5. Aufl., a.a.O., S. 61
[235] vgl. Meyer, J.: Visualisierung von Informationen, a.a.O., S. 81
[236] vgl. Hagge, K.: Informations-Design, a.a.O., S.194 f.
[237] vgl. Manhartsberger, M. / Musil, S.: Web Usability, a.a.O., S. 206
[238] vgl. Kroeber-Riel, W.: Konsumentenverhalten, a.a.O., S. 357

Die *syntaktische Konsistenz* bezieht sich auf die Reihenfolge und Anordnung von Elementen auf der Benutzeroberfläche. Funktional gleiche Elemente sollten demnach immer an der selben Position innerhalb der Website aufzufinden sein. Die konsistente Abfolge von Prozessschritten ist ebenfalls von großer Bedeutung, um den Kunden nicht zu verwirren.[239]

Die *semantische Konsistenz* bezieht sich im Gegensatz dazu auf die Bedeutung bzw. auf die grafische Gestaltung bestimmter Elemente.[240] Dies ist insbesondere für hteraktionselemente von Bedeutung.[241] In der Literatur wird hier auch vom sogenannten *„Look an Feel"* gesprochen. Das bedeutet, dass bestimmte Erscheinungsformen und Benennungen von Interaktionselementen spezielle Erwartungen im Bezug auf ihre Verwendung beim Kunden auslösen können.[242] Diese sollten soweit wie möglich erfüllt werden.

6.2.1.5 Zusammenfassung

Die Gestaltung der Benutzerschnittstelle im Internet trägt maßgeblich zum Komplexitätsempfinden eines Kunden im Kaufprozess bei. Insbesondere können eine unzweckmäßige Navigations- und Interaktionsgestaltung, eine ungeeignete Informationspräsentationsform sowie fehlende Konsistenz zusätzliche Komplexität erzeugen.

Im Gegensatz dazu kann durch den konsistenten und kundenbezogen Einsatz dieser Gestaltungsmittel das Komplexitätsempfinden des Kunden reduziert werden. Damit steht die eingeschränkte Informationsverarbeitungskapazität des Kunden primär zur Erfassung der eigentlichen Problemstellung (z.B. das Finden eines bedürfnisrelevanten Versicherungsproduktes) zur Verfügung.

---

[239] Pflüger, J.O.: Mensch-Computer-Interaktion: Usability Engineering, URL: www.student.unibe.ch:8080/philhist/Lehmann/download/mci.pdf, Stand: 1992, Abruf: 20.02.2002, MEZ: 20.23 Uhr
[240] vgl. ebenda
[241] vgl. Kortzfleisch, H.F.O. u.a.: Ansatzpunkte der Entwicklung, a.a.O., S. 255
[242] vgl. Manhartsberger, M. / Musil, S.: Web Usability, a.a.O., S. 216 f.

6.2.2 Personalisierung

6.2.2.1 Personalisierung als Voraussetzung zur individuellen Kundenansprache

Um einen hohen Kundenbezug zu gewährleisten, kann im Internet das Konzept des One-to-One Marketing eingesetzt werden. Grundvoraussetzung dafür ist die Personalisierung. Das bedeutet, dass Kunden auf der Basis vorhandener Informationen möglichst individuell bedient werden sollten.[243] Je mehr persönliche Informationen über ein Kunden zur Verfügung stehen, desto individueller kann auf seine Bedürfnisse und speziellen Informationsbeschaffungs- und -verarbeitungsverhalten reagiert werden. Insbesondere kann durch Vorselektion der Informationen und der daraus resultierenden Reduktion der Informationsmenge einem „Information Overload" entgegengewirkt werden. Gleichzeitig führen Informationen, die von hoher subjektiver Relevanz für einen Kunden sind, zur Erhöhung des Involvement.[244]

Zu diesem Zweck werden Kundenprofile angelegt, die alle vorhandene Informationen eines Kunden enthalten.

6.2.2.2 Kunden-Profiling als Voraussetzung zur Personalisierung

Kunden-Profiling ist das systematische Sammeln sämtlicher Daten und Informationen, die von Kunden verfügbar sind.[245] Es kann hierbei zwischen expliziten und impliziten Informationen unterschieden werden.[246]

Persönliche Daten, die der Kunde bewusst angibt, z.B. durch Ausfüllen eines Formulars auf einer Website, stellen explizite Informationen dar. Diese Informationen betreffen meist Persönlichkeitsmerkmale oder spiegeln Interessen und Bedürfnisse wider. Zusätzliche Informationen resultieren aus bereits bestehenden Geschäftsbeziehungen zwischen dem Kunden und dem Versicherer. Die zu einer Geschäftsbeziehung gehörige Transaktionshistorie sollte idealer Weise nicht nur aus Daten, die online erfasst wurden, bestehen, sondern - falls vorhanden - Informationen über sämtliche medienübergreifende

---

[243] One-to-One Marketing ist ein Marketingkonzept zur gezielten und personalisierten Kundenansprache auf Basis individueller Informationen.
vgl. cognos GmbH (Hrsg.): Cognos BI Guide, 2.Aufl., Hannover 2000, S. 42
[244] Hagge, K.: Informations-Design, a.a.O., S. 167
[245] vgl. Schubert, P.: Virtuelle Transaktionsgemeinschaften, a.a.O., S. 105 f.
[246] vgl. Scheed, B. A.: Informationspräsentation, a.a.O., S. 90

Beziehungen, wie z.B. Vertragsabschlüsse beim Vermittler, enthalten. Erst die Kombination von Online- und Offline-Daten ermöglicht eine adäquate und redundanzfreie Informationsbereitstellung für den Kunden.

Weiterhin hinterlässt ein Kunde durch sein Navigations- und Interaktionsverhalten auf einer Website Spuren, die auch als implizite Informationen bezeichnet werden. Diese sogenannten „Clickstreams" werden protokolliert und stehen weiteren Auswertungen zur Verfügung.[247] Anhand dieser Daten können mit Hilfe von Webmining[248] bestimmte Verhaltensmuster erkannt werden.

Insbesondere die Kombination impliziter und expliziter Informationen lässt Rückschlüsse auf Bedürfnisse und das Kaufverhalten einzelner Kunden zu.

6.2.2.3 Grad der Personalisierung

Der Grad der Personalisierung ist abhängig vom Umfang und der Qualität der zur Verfügung stehenden Kundeninformationen. In diesem Zusammenhang kann generell zwischen drei Stufen der Personalisierung unterschieden werden, die in folgender Abbildung dargestellt sind. (siehe Abbildung 10)

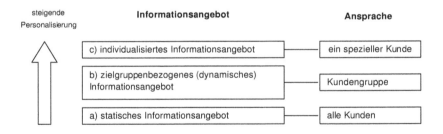

Abbildung 10.: Stufen der personalisierten Ansprache im Internet
(Quelle: in Anlehnung an Schubert, P.: Virtuelle Transaktionsgemeinschaft im Electronic Commerce, Köln 1999, S.129)

---

[247] vgl. Schubert, P.: Virtuelle Transaktionsgemeinschaften, a.a.O., S. 109 f.
[248] vgl. ebenda, S. 120

a) Mit einem statischen Informationsangebot im Internet soll meist eine breite Masse an Kunden angesprochen werden. Dabei erfolgt die Ausrichtung häufig am „Durchschnittstyp" eines Online-Nutzers.[249] Eine Individualisierung des Informationsangebotes für einzelne Kunden ist nicht möglich. Dadurch kann eine verhaltens- und bedarfsorientierte Kundenansprache nur sehr eingeschränkt vorgenommen werden. Aufgrund der vergleichsweise einfachen Umsetzung eines statischen Konzepts, ist diese Art des Informationsangebotes auf einer Website am weitesten verbreitet.

b) Größeres Potenzial besteht demgegenüber bei einem zielgruppenbezogenen Informationsangebot auf der Basis von Kundentypologien. Anhand von Persönlichkeitsmerkmalen[250] und Interessen werden einzelne Kunden bestimmten Zielgruppen zugeordnet.[251] Persönlichkeitsmerkmale und Interessen können einerseits explizit durch Eingabeaufforderungen oder implizit durch das Navigationsverhalten innerhalb einer Website-Struktur ermittelt werden.[252]

Die Zuordnung zu einer spezifischen Zielgruppe dient als Ausgangspunkt, um Bedürfnisse und Verhaltensweisen abzuleiten und eine entsprechende Informationsbereitstellung zu ermöglichen. Es ist dabei nicht unbedingt notwendig, dass sich der Kunde vollständig zu erkennen gibt oder dass eine Transaktionshistorie vorliegt. Trotz der Anonymität können so verhaltens- und bedarfsgerechte Informationen und Produkte angeboten werden.

c) Ein individualisiertes Informationsangebot ist auf die Bedürfnisse und das Informationsbeschaffungs- und -verarbeitungsverhalten eines speziellen Kunden ausgerichtet.[253] Auf der Basis impliziter und expliziter Informationen, wird dazu ein persönliches Profil erstellt.[254] Explizite Informationen werden an dieser Stelle durch aktiv mitgeteilte Präferenzen des Kunden erweitert, die die Individualisierung der Benutzeroberfläche (Customizing), des Produktangebotes sowie der Informationen und Services betreffen.[255]

---

[249] vgl. Riedl, J.: Rahmenbedingung der Online-Kommunikation, in: Bliemel, F. u.a.: Electronic Commerce, a.a.O., S. 274

[250] siehe hierzu: Kapitel 5

[251] vgl. Schubert, P.: Virtuelle Transaktionsgemeinschaften, a.a.O., S. 130

[252] siehe hierzu: Kapitel 6.2.1.1

[253] vgl. Schubert, P.: Virtuelle Transaktionsgemeinschaften, a.a.O., S. 130

[254] vgl. Scheed, B. A.: Informationspräsentation, a.a.O., S. 90

[255] vgl. Schubert, P.: Virtuelle Transaktionsgemeinschaften, a.a.O., S. 130

Durch die Kommunikation und Interaktion des Kunden mit dem Versicherungsunternehmen wird das individuelle Kundenprofil permanent um explizite und implizite Informationen erweitert und bildet dadurch die Voraussetzung für eine immer stärkere Annäherung an eine „echte" One-to-
One-Kommunikation. Dieser Kreislauf wird in der sogenannten „Rückkopplungsschleife" dargestellt (siehe Abbildung 11).

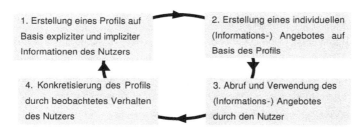

Abbildung 11: Rückkopplungsschleife bei der Erstellung von Kundenprofilen
(Quelle: Scheybani, A. / Saigne, F. / Schmoecker, C.: Digital innovations for a new Media
World, Präsentation anlässlich des New Economy Circle am 17.01.2002, Leipzig 2002)

Auch bei einem individualisierten Informationsangebot ist es aus technischer
Sicht nicht zwingend notwendig, dass sich der Versicherungskunde zu erkennen gibt. Aus Kundensicht ist dies oftmals auch nicht erwünscht.

Die eindeutige Identifizierung eines Kunden kann beispielsweise durch die
Vergabe eines beliebigen Pseudonyms in Verbindung mit einem Passwort
erfolgen.[256] Bei einem wiederholten Besuch der Website stehen damit sämtliche Daten wieder zur Verfügung und ermöglichen es dem Kunden, am letz-
ten Status der Informationsrecherche anzuknüpfen.

6.2.2.4 Reduzierung der Situationskomplexität durch anonyme Kun-
denprofile

Auf vielen Versicherungsseiten werden Bedarfsanalyse-Tools oder Beratungsmodule angeboten, bei denen an erster Stelle der Name und die Ad-
resse eines Kunden abgefragt werden. Teilweise sind sogar aufwendige Re-
gistrierungsprozeduren notwendig, um an individuell angepasste Informationen zu gelangen. Aus Versicherersicht ist diese Vorgehensweise verständ-

---

[256] siehe hierzu: URL: http://www.gerling.de

lich, da potenzielle Kunden identifiziert werden können und damit eine direkte Werbeansprache ermöglicht wird.

Auf das Kundenverhalten kann das jedoch negative Auswirkungen haben. Erwartet der Kunden negative Konsequenzen aus einer Informationsabgabe, kann dies zu einer Verringerung des Involvement führen und somit die Situationskomplexität für ihn erhöhen. Negative erwartete Konsequenzen können in diesem Zusammenhang beispielsweise unerwünschte Werbeansprache oder möglicher Datenmissbrauch sein. [257, 258]

Die Bereitschaft eines Kunden, sich mit einer versicherungsspezifischen Problemstellung auseinander zu setzen, kann dadurch erhöht werden, dass anfänglich ausschließlich anonyme Persönlichkeitsmerkmale erhoben werden. Dem Kunden ist es dadurch möglich, trotz Anonymität individuelle Versicherungslösungen anhand konkreter Daten zu simulieren. Die endgültige Entscheidung, ob und wann ein Kunde seine Identität preisgibt, sollte keinen Einfluss auf die Menge und die Qualität der bereitgestellten Informationen haben.[259]

Ein solches Vorgehen schafft Vertrauen gegenüber dem Versicherungsunternehmen, da der kommerzielle Aspekt der Informationsabgabe in den Hintergrund tritt.[260] Entsprechend den in Kapitel 5.3 vorgestellten Vorgehensweisen zur Risikohandhabung führen auch vertrauensbildende Maßnahmen zu einer Reduzierung des subjektiven Risikoempfindens im Kaufprozess.

Um bereits bei Interessenten eine gewissen Bindungsgrad an das Versicherungsunternehmen zu erreichen, sollten anonyme Kundenprofile unterstützt werden, die die Speicherung sämtlicher expliziter und impliziter Daten erlauben. In diesem Zusammenhang ist selbstverständlich auf datenschutzrechtliche Aspekte zu achten.[261]

---

[257] vgl. Stolpmann, M.: Kundenbindung im E-Business - Loyale Kunden - nachhaltiger Erfolg, Bonn 2000, S. 86

[258] vgl. Kortzfleisch, H.F.O. u.a. : Ansatzpunkte für die Entwicklung, a.a.O., S. 257

[259] vgl. Kollmann, T.: Elektronische Marktplätze - Die Notwendigkeit eines bilateralen One to One-Marketingansatzes, in: Electronic Commerce, hrsg. von Bliemel, F. u.a., Wiesbaden 1999, S. 241

[260] vgl. Manhartsberger, M. / Musil, S.: Web Usability, a.a.O., S. 250

[261] siehe hierzu: Bundesdatenschutzgesetz (BDSG) der Bundesrepublik Deutschland vom 20.12.1990 sowie Teledienst-Datenschutzgesetz (TDDSG) der Bundesrepublik Deutschland vom 01.08.1997

6.2.2.5 Reduzierung des Zeitdrucks durch Kundenprofile

Unabhängig davon, ob der Kunde anonym vorgeht oder ob er sich zu erkennen gibt, kann die Möglichkeit, den aktuellen Status einer Bearbeitung auf einer Website zu speichern, vermindernd auf die Situationskomplexität wirken. Für den Kunden besteht kein Zeitdruck, wenn der Informationsprozess jederzeit „eingefroren" und zu einem späteren Zeitpunkt wieder aufgenommen werden kann.[262] Gleichzeitig erfolgt durch die ständige Verfügbarkeit der Informationen eine kognitive Entlastung des Langzeitgedächtnisses.[263] Der Kunde fühlt sich im Entscheidungsprozess nicht gedrängt. Er legt selbständig fest, wie intensiv er sich mit einer Thematik auseinandersetzt und wann er einen Vertrag abschließt. Es ist anzunehmen, dass damit die Wahrscheinlichkeit des Auftretens kognitiver Dissonanzen reduziert wird.[264]

6.2.2.6 Reduzierung der Informationskomplexität durch Entscheidungsunterstützung auf Basis von Kundenprofilen

Kundenprofile dienen auf der einen Seite der Wiederverwendung von expliziten und impliziten Kundeninformationen. Dadurch wird eine wiederholte Erfassung überflüssig und die Benutzerfreundlichkeit der Website erhöht. Anderseits besitzen sie ein großes Potenzial, um Kundenbedürfnisse zu prognostizieren und Entscheidungshilfen im Kaufprozess bereitzustellen. Basis dafür sind sogenannte Datamining-Mechanismen, die eine große Anzahl an verschiedenen Kundenprofilen auf Zusammenhänge hin untersuchen.[265]

Analog zum Konzept der Kundensegmentierung wird davon ausgegangen, dass Kunden, die große Ähnlichkeiten hinsichtlich ihrer Profile aufweisen, auch ähnliche Informationspräferenzen besitzen.

In diesem Zusammenhang werden sogenannte **regelbasierte Systeme** eingesetzt. Das Ziel dieser Systeme ist es, anhand von Persönlichkeits-

---

[262] vgl. Kortzfleisch, H.F.O. u.a.: Ansatzpunkte für die Entwicklung, a.a.O., S. 256

[263] vgl. Tölle, K.: Informationsverhalten der Konsumenten, a.a.O., S. 119

[264] Da Zeitdruck aufgrund anfallender Online-Gebühren häufig auch einen finanziellen Aspekt besitzt, besteht hier ein weiterer Ansatz zur Komplexitätsreduzierung. Die Mamax-Lebensversicherung AG beispielsweise übernimmt die anfallenden Online-Gebühren für den Zeitraum, den der Kunde auf der Unternehmenswebsite verbringt.

[265] Datamining ist ein Verfahren, das es ermöglicht, automatisiert nichttriviales Wissen aus großen Datenbeständen zu gewinnen. Hierfür werden statistische Methoden angewendet. vgl. o.V.: Data Mining – eine Einführung, URL: http://www.database-marketing.de/miningmining.htm, Stand: 2000, Abruf: 14.03.2002, MEZ: 12.13 Uhr

merkmalen (z.B. sozioökonomischen Merkmale) auf bestehende Bedürfnisse eines Kunden zu schließen. Dazu werden Regeln erstellt, die vereinfacht in folgender Form umgesetzt werden: *„WENN* ein Kunde das Merkmal *x* aufweist *DANN* stelle Information *y* zur Verfügung".[266] Beispielsweise besteht bei einem Kunden, der beruflich selbstständig ist, der potenzielle Bedarf einer privaten Krankenversicherung. Folglich können ihm aktiv Hinweise über die Vorteile einer privaten Krankenversicherung im Vergleich zur gesetzlichen Krankenversicherung gegeben werden.

Mit Hilfe regelbasierter Systeme ist es möglich, anhand weniger Kundenmerkmale die Relevanz von Informationen für den einzelnen Kunden zu erhöhen und gleichzeitig die Informationsmenge und damit die Informationskomplexität zu reduzieren.[267]

Im Gegensatz zu regelbasierten Systemen sind bei sogenannten **kollaborativen Filtern** keine expliziten Regeln notwendig.[268] Hier werden Empfehlungen anhand von ähnlichen Präferenzen anderer Kunden gegeben.[269] Um die Aussagekraft der Empfehlungen zu maximieren, werden Profile, die einen hohen Ähnlichkeitsgrad aufweisen, zu Profilgruppen zusammengefasst. Eine praktische Umsetzung kollaborativer Filter erfolgt bei dem Online-Buchhandel *amazon.com*. Dort erhalten Kunden, die sich für ein bestimmtes Produkt interessieren, Hinweise auf weitere Produkte, die von Kunden mit ähnlichen Produktpräferenzen gekauft wurden.[270]

Ähnliche Präferenzen können anhand von expliziten und impliziten Informationen ermittelt werden.

Im ersten Fall werden Profile anhand von Persönlichkeitsmerkmalen und geäußerten Interessen miteinander verglichen. Im zweiten Fall werden Navigations- und Interaktionsverhalten auf Ähnlichkeiten hin untersucht.[271]

---

[266] vgl. o.V. : Verwendete Technologien im Data Mining, URL: http://www.iicm.edu/wrichter/thesis-final/node53.html, Stand: 01.10.2001, Abruf: 22.01.2002, MEZ: 19.45 Uhr

[267] vgl. Schubert, P.: Virtuelle Transaktionsgemeinschaften, a.a.O., S. 133 f.

[268] vgl. Scheybani, A. / Saigne, F. / Schmoecker, C.: Digital innovations, a.a.O.

[269] vgl. Mertens, P.: Für Sie gelesen: Resnick, B., Varian, H.R.: Recommender Systems, Wirtschaftsinformatik (39) 1997, Heft 4, S. 401

[270] vgl. URL: www.amazon.com

[271] vgl. Schubert, P.: Virtuelle Transaktionsgemeinschaften, a.a.O., S. 133 f.

Kann eine hinreichend große Übereinstimmung zwischen einem einzelnen Kundenprofil und einer speziellen Profilgruppe festgestellt werden, ist die Wahrscheinlichkeit hoch, dass die Präferenzen der Gruppe auch für den speziellen Kunden gelten.[272] Beispielsweise kann darauf hingewiesen werden, dass die Mehrzahl der Kunden, die beruflich selbständig sind und eine Krankenversicherung abgeschlossen haben, zusätzlich eine Krankentagegeldoption gewählt haben.

Durch Verwendung kollaborativer Filter können dem Kunden Empfehlungen und Handlungshinweise gegeben werden, die das Risikoempfinden im Kaufprozess reduzieren. Insbesondere werden Kundengruppen angesprochen, die ein geringeres Involvement im Kaufprozess aufweisen und fehlende Informationen durch Informationsersatz (Vertrauen in das Urteil Dritter) kompensieren. (siehe Kapitel 5.3)

Auf die Kundentypenmatrix aus Kapitel 5.2 bezogen, können kollaborative Filter insbesondere den Kundentyp II-B[273] in seiner Entscheidungssituation unterstützen.

6.2.3 Beratungsmodule

6.2.3.1 Einsatz von Beratungsmodulen

Aus technischer Sicht sind Beratungsmodule intelligente Softwarelösungen, die den Beratungsprozess unter Verwendung geführter Problemdialoge weitgehend automatisieren.[274]

Analog zur persönlichen Beratung durch einen Vermittler, dienen Beratungsmodule auf einer Website der Erläuterung von Versicherungskonzepten zur individuellen Bedarfsdeckung.[275]

Dazu wird eine Analyse des Versicherungsbedarfs eines Kunden durchgeführt, auf deren Basis spezifische Versicherungslösungen zugeordnet werden können. Gleichzeitig muss dem Kunden verständlich dargestellt werden, welche Produkte bzw. Produkteigenschaften zur Deckung eines speziellen Bedarfs geeignet sind. Beratungsmodule dienen demzufolge nicht aus-

---

[272] vgl. Schubert, P.: Virtuelle Transaktionsgemeinschaften, a.a.O., S. 134 f.
[273] Hierbei handelt es sich um schwach involvierte Versicherungskunden mit geringen kognitiven Fähigkeiten und geringen Versicherungskenntnissen.
[274] vgl. Bögerl, G. / Höhl, M. / Meyer, H.: Entwurf einer WWW-basierten Produktberatungskomponente für ein Unternehmen der Softwarebranche, Erlangen u.a. 1998, S. 1
[275] vgl. Farny, D.: Versicherungsbetriebslehre, a.a.O., S. 43

schließlich der Abbildung des kundenindividuellen Anforderungsprofils auf ein reale Versicherungslösung, sondern insbesondere auch der Unterstützung des Lernprozesses beim Kunden.[276] Erst wenn die vom Kunden wahrgenommen Komplexität hinreichend reduziert werden kann, ist er in der Lage, die Zusammenhänge zwischen dem eigenen Bedarf und einem Versicherungsprodukt zu verstehen.[277]

Aufgrund der abweichenden Bedürfnisse und der unterschiedlichen Interpretationsfähigkeiten einzelner Kunden, müssen sich Beratungsmodule flexibel an individuellen Entscheidungssituation anpassen können.[278] Beispielsweise ist es notwendig, bestimmten Kunden im Vorfeld Grundlagenwissen zu vermitteln, während andere Kunden über dieses Wissen bereits verfügen.

6.2.3.2 Konzept eines Beratungsmoduls

Im Folgenden wird ein Konzept eines Produktberatungsmoduls vorgestellt.[279] Dazu werden die Komponenten des Beratungsmoduls den Phasen eines Vermittlergesprächs gegenübergestellt. (siehe Abbildung 12)

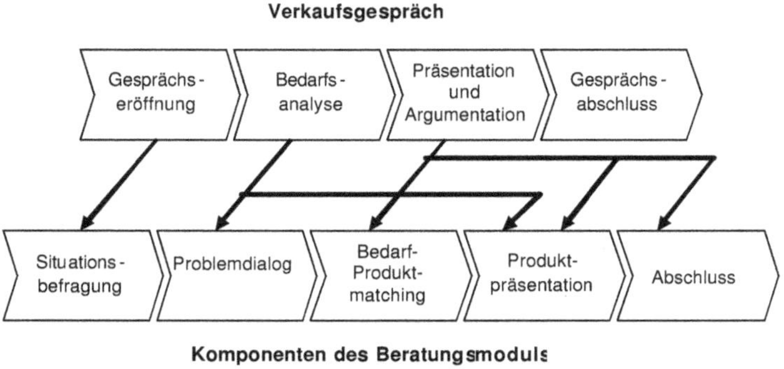

Verkaufsgespräch

| Gesprächs-eröffnung | Bedarfs-analyse | Präsentation und Argumentation | Gesprächs-abschluss |

| Situations-befragung | Problemdialog | Bedarf-Produkt-matching | Produkt-präsentation | Abschluss |

Komponenten des Beratungsmoduls

Abbildung 12: Konzept eines Beratungsmoduls
(Quelle: in Anlehnung an Bögerl, G. u. a.: Entwurf einer WWW-basierten Produktberatungskomponente, a.a.O., S. 8)

---

[276] vgl. Bögerl, G. u. a.: Entwurf einer WWW-basierten Produktberatungskomponente, a.a.O., S. 4
[277] vgl. Bosselmann, E.H.: Versicherungsmakler und deregulierte Versicherungsmärkte, a.a.O., S. 116 f.
[278] vgl. Lödel, D.: Produktberatung in einem Angebotssystem, a.a.O., S.19
[279] vgl. Bögerl, G. / Höhl, M. / Meyer, H.: Entwurf einer WWW-basierten Produktberatungskomponente, a.a.O., S. 8

6.2.3.2.1 Situationsbefragung

Zu Beginn des Beratungsprozesses ist es notwendig, personenspezifische Merkmale zu kennen, um den potenziellen Informations- und Versicherungsbedarf eines Kunden ableiten zu können. Zu diesem Zweck wird eine Situationsbefragung des Kunden durchgeführt. [280] Falls dem Kunden ein individuelles Kundenprofil zugeordnet werden kann, reduziert sich die Befragung um die vorhandenen Informationen. Im besten Fall kann direkt in den Problemdialog eingestiegen werden.

Selbstverständlich soll die Abfrage bei Interessenten, für die keine konkreten Daten vorliegen, ebenfalls in Grenzen gehalten werden. Dabei muss dennoch eine individuell am Kunden ausgerichtete Beratung gewährleistet bleiben. Diesbezüglich kann wiederum auf regelbasierte Systeme bzw. kollaborative Filter zurückgegriffen werden, um anhand nur weniger Merkmale tendenzielle Aussagen über das Verhalten und potenzielle Bedürfnisse einzelner Interessenten treffen zu können.[281] Das System sollte demnach vorhandenes Wissen so weit wie möglich verwenden und beim Kunden nur Rückfragen stellen, falls diese zu einer „erheblichen" Verbesserung des Beratungsprozesses führen.[282]

Ähnlich wird in fallbasierten Systemen[283] vorgegangen, die nach dem Prinzip des sogenannten *Fallbasierten Schließens*[284] arbeiten. Hierbei wird versucht, eine bestimmte individuelle Vorgehensweise aus früheren ähnlichen Beratungsfällen auf den aktuellen Fall zu übertragen.[285]

Auf der Grundlage der vorhandenen Kundeninformationen wird in einer Fallbasis-Datenbank nach Ähnlichkeiten mit bereits getätigten Beratungsfällen gesucht. Zur weiteren Vorgehensweise wird der dem aktuellen Fall ähnlichste Referenzfall herangezogen und im Problemdialog mit dem Kunden individuell angepasst. Führt diese Vorgehensweise zu einer befriedigenden Lö-

---

[280] vgl. Bögerl, G., u.a.: Entwurf einer WWW-basierten Produktberatungskomponente, a.a.O., S. 9

[281] siehe hierzu auch Kapitel 6.2.2.6

[282] vgl. Lödel, D.: Produktberatung in einem Angebotssystem, a.a.O., S.14

[283] Fallbasierte Systeme sind spezielle Ausprägungen Entscheidungsunterstützender Systeme (EUS).
siehe hierzu: Schulz, R.: Fallbasierte Entscheidungsunterstützende Systeme – ein Ansatz zur Lösung betrieblicher Entscheidungsprobleme, Leipzig 1998

[284] Fallbasiertes Schließen ist eine Technologie der Künstlichen Intelligenz.
siehe dazu Schulz, R.: Fallbasierte Entscheidungsunterstützende Systeme: a.a.O., S. 159

[285] vgl. ebenda, S. 108

sung für den Kunden, wird der Fall nach einer nochmaligen Überprüfung in die Fallbasis übernommen. Fallbasierte Systeme sind demzufolge adaptierfähig und verbessern die individuelle Vorgehensweise mit jedem „dazugelernten" Beratungsfall (siehe Abbildung 13). Eine adäquate Vorgehensweise setzt natürlich eine gewisse Anzahl an verfügbaren Referenzfällen in der Fallbasis-Datenbank voraus. Zusätzliche Fälle können auch durch den Versicherer selbst anhand von künstlichen Szenarien eingefügt werden.[286]

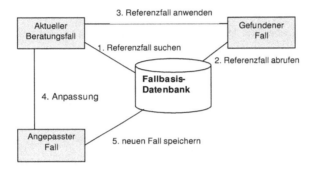

Abbildung 13: vereinfachter Zyklus des Fallbasierten Schließens
(Quelle: in Anlehnung an Schulz, R.: Fallbasierte Entscheidungsunterstützende Systeme: a.a.O., S. 109)

6.2.3.2.2 Problemdialog

Wie bereits angedeutet wurde, muss es aufgrund individueller Abweichungen möglich sein, den ausgewählten Referenzfall im Dialog mit dem Kunden zu modifizieren. Dabei ist Rücksicht auf die voneinander abweichenden Bedürfnisse und Informationsbeschaffungs- und verarbeitungsverhalten der Kunden zu nehmen.

Personen, die gering involviert sind und über wenig versicherungsrelevantes Wissen verfügen, sind anfänglich kaum in der Lage, ihre Bedürfnisse mit spezifischen Produkten oder Produktmerkmalen in direkte Verbindung zu bringen. Vielmehr sind sie darauf angewiesen, Schritt für Schritt zu einer Lö-

---

[286] vgl. Schulz, R.: Fallbasierte Entscheidungsunterstützende Systeme, a.a.O., S. 113 f

sung geführt zu werden.[287] Es kann also nicht davon ausgegangen werden, dass sie ihren Bedarf vollständig und eindeutig spezifizieren können. Dieser Aspekt spielt insbesondere bei der Form der Informationsabfrage eine wichtige Rolle. Geschlossene Fragestellungen und die Wahl zwischen Alternativen sind in diesem Zusammenhang vorzuziehen. Offene Fragestellungen und freie Texteingaben würde demgegenüber voraussetzen, dass der Kunde bereits über konkrete Kenntnisse und Präferenzen verfügt. Da das für einen schwach involvierten Kunden mit geringen Versicherungskenntnissen in der Regel nicht der Fall ist, würden offene Fragen zu einer Komplexitätserhöhung führen. Um die Relevanz einzelner Produktausprägungen verständlich zu machen, ist für diesen Kundentyp die schrittweise und geführte Erarbeitung der Problemlösung von großer Bedeutung.

Hoch involvierte Kunden würden sich demgegenüber eingeschränkt fühlen, wenn sie an einen sequenziellen Dialog gebunden wären.[288] Da sie ein hohe Eigeninitiative aufweisen, neigen sie eher dazu, frei zu navigieren und spezielle Themengebiete direkt aufzusuchen. Verfügen sie zudem noch über höhere Versicherungskenntnisse, suchen sie primär nach bestimmten Detailinformationen.[289] Generelle Versicherungssachverhalte werden von solchen Kundentypen als mehr oder weniger trivial angesehen und reduzieren demnach kaum Unsicherheiten im Kaufprozess. Sie können im Gegenteil sogar als störend empfunden werden, wenn sie das schnelle und unkomplizierte Auffinden spezieller Informationen behindern.[290]

An dieser Stelle wird deutlich, dass schwach involvierte Kunden mit geringeren Versicherungskenntnissen verstärkt auf die Steuerung des Dialogs durch das Beratungsmodul angewiesen sind.

Im Gegensatz dazu muss hoch involvierten Kunden die Möglichkeit gegeben werden, selbst die Dialogsteuerung zu übernehmen.

---

[287] vgl. Altenburger, R.: Sind Versicherungsprodukte für Electronic Business ungeeignet ?, in ZversWiss Nr. 4 / 2001, S. 631 ff.

[288] aus Bögerl, G. u.a.: Entwurf einer WWW-basierten Produktberatungskomponente, a.a.O., S. 6

[289] vgl. Altenburger, R.: Sind Versicherungsprodukte für Electronic Business ungeeignet ?, a.a.O., S. 631 ff.

[290] vgl. Lödel, D: Produktberatung in einem Angebotssystem, a.a.O., S. 19

Mertens unterscheidet in diesem Zusammenhang in Sklavensysteme, die vorwiegend systemgesteuert sind und in primär benutzergesteuerte Herrensysteme.[291] Aufgrund der unterschiedlichen Kundentypen sollte ein Beratungsmodul flexibel genug konzipiert sein, um während des Dialogs stufenlos von einem Sklaven- in ein Herrensystem und in umgekehrter Richtung zu wechseln.

Exemplarisch kann der Grad der Dialogsteuerung durch ein Beratungsmodul in die Kundentypenmatrix aus Kap. 5.2 eingeordnet werden:

Beschaffungsverhalten des Kunden	A) Hohe kognitive Fähigkeiten mit tendenziell höheren Versicherungskenntnissen	B) Geringe kognitive Fähigkeiten mit tendenziell niedrigeren Versicherungskenntnissen
I) aktiv (high involved)	freie Navigation	freie Navigation und geführter Dialog mit Interaktion
II) passiv (low involved)	geführter Dialog mit Interaktion	vollständig geführter Dialog

Tabelle 4: Vorgehensweisen eines Beratungsmoduls in Abhängigkeit von Kundentypen

(Quelle: in Anlehnung an Bögerl, G. u.a.: Entwurf einer WWW-basierten Produktberatungskomponente, a.a.O. , S. 13)

Basis hierfür ist ein Navigationskonzept, das sowohl einen geführten als auch einen freien Problemdialog ermöglicht. Die Grundlage bildet dabei ein Hierarchiebaum, der in jedem Knoten über bestimmte problemrelevante Informationen verfügt.[292]

Um den versicherungsbezogenen Kenntnisstand und die kognitiven Fähigkeit eines Kunden zu berücksichtigen, sind die Probleminformationen in verschiedene Detailebenen untergliedert, die im Hierarchiebaum abgebildet sind. Der Detaillierungsgrad der Informationen nimmt dabei mit steigender Ebene zu. Kunden mit höheren kognitiven Fähigkeiten und Versicherungskenntnissen würden demnach eher auf höheren Ebenen navigieren, woge-

---

[291] siehe hierzu: Mertens, P.: Neuere Entwicklungen des Mensch-Computer-Dialogs in Berichts- und Beratungssystemen, in: Zeitschrift für betriebswirtschaftliche Forschung 64 (1994) , S. 35 ff.
[292] vgl. Bögerl, G. u.a.: Entwurf einer WWW-basierten Produktberatungskomponente, a.a.O., S. 13

73

gen sich Kunden mit geringerem Interpretationsvermögen und weniger Fach-
kenntnissen vorrangig auf niedrigeren Ebenen informieren.[293]
Wie bereits dargestellt, wird die Vorgehensweise im geführten Dialog durch
den aus der Fallbasis ausgewählten Referenzfall bestimmt. Durch Interaktionen des Kunden ist es jederzeit möglich, sowohl die Dialogfolge als auch den
Detailgrad der Informationen anzupassen. Je nach dem individuellen Involement des Kunden und Kenntnisstand können einzelne Punkte übersprun-
gen oder in höhere Ebenen navigiert werden. (siehe Abbildung 14)

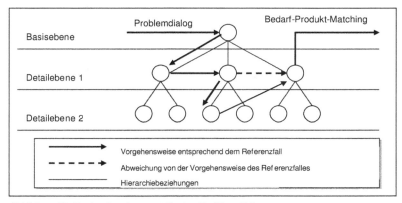

Abbildung 14: Navigationskonzept für den Problemdialog
(Quelle: in Anlehnung an Bögerl, G. u.a.: Entwurf einer WWW-basierten Produktberatungskomponente, a.a.O. , S. 34)

Aus den Abweichungen von der Basisvorgehensweise ergeben sich wiederum neue Referenzfälle, die adaptiert werden können und die Prognosevalidi-
tät der Fallbasis erhöhen.[294]

Ergebnis der Situationsbefragung und des Problemdialogs sind Informationen über potenzielle Bedürfnisse des Kunden, die es im nächsten Schritt ermöglichen, konkrete Produkte inklusive möglicher Alternativen vorzuschla-
gen.[295]

[293] vgl. Bögerl, G. u.a.: Entwurf einer WWW-basierten Produktberatungskomponente,
a.a.O., S. 13
[294] vgl. Schulz, R.: Fallbasierte Entscheidungsunterstützende Systeme: a.a.O., S. 113 f.
[295] vgl. Bögerl, G. u.a.: Entwurf einer WWW-basierten Produktberatungskomponente,
a.a.O., S. 15

6.2.3.2.3 Bedarf-Produkt-Matching

Das Bedarf-Produkt-Matching stellt die Verbindung zwischen dem Problemdialog und der Produktpräsentation dar.[296] Dies wird in der Abbildung 15 verdeutlicht.

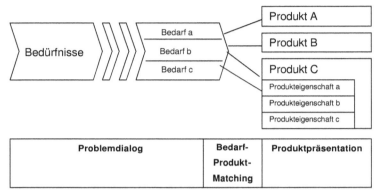

Abbildung 15: Bedarf-Produkt-Matching
(Quelle: in Anlehnung an Bögerl, G. u.a.: Entwurf einer WWW-basierten Produktberatungskomponente, a.a.O., S. 14)

Zum Zweck der Komplexitätsreduzierung wird hier wiederum eine möglichst kleine Anzahl an Alternativen angestrebt.

Auf der Basis der Bedarfsermittlung und -strukturierung im Problemdialog werden dem Kunden spezielle Produkte zur Deckung einzelner Bedarfe vorgeschlagen und die bestehenden Zusammenhänge dargestellt. Die Produkte werden dabei nach dem Grad ihrer Eignung zur Bedarfsdeckung geordnet. Im nächsten Schritt kann sich der Kunden einzelne Produkte detailliert anzeigen lassen.

6.2.3.2.4 Produktpräsentation

Die Produktpräsentation dient dazu, dem Kunden spezifische Detailinformationen einzelner Versicherungsprodukte und deren Relevanz für die individuellen Bedürfnisse zu verdeutlichen.[297] Auf Basis der in der Situationsbefra-

---

[296] vgl. Bögerl, G. u.a.: Entwurf einer WWW-basierten Produktberatungskomponente, a.a.O., S. 17
[297] vgl. ebenda, S. 17 f.

gung und im Problemdialog erhobenen Kundeninformationen ist es möglich, eine kundenangepasste Konfiguration der Produktausprägungen vorzunehmen. Die Produktpräsentation kann demzufolge direkt an der kundenindividuellen Problemstellung erfolgen.[298] Durch die hohe subjektive Relevanz wird das Verständnis verbessert und gleichzeitig die Motivation des Kunden im Bezug auf das Versicherungsprodukt erhöht.[299]

Insbesondere ist auch die Information über den individuellen Produktpreis von großer Bedeutung. Dabei dient diese Information einem Kunden mit geringen Versicherungsvorkenntnissen generell, um die Höhe der finanziellen Belastung einschätzen zu können, während Kunden mit vorhandenem Versicherungswissen den Preis meist zum Alternativenvergleich heranziehen.[300]

An dieser Stelle sollte ebenfalls auf wichtige Vertragsbedingungen eingegangen werden. Damit sind insbesondere die Leistungen des Versicherungsunternehmens und mögliche Obliegenheiten des Kunden gemeint.

6.2.3.2.5 Abschluss

Um Medienbrüche zu verhindern, sollte es dem Kunden möglich sein, den Vertragsabschluss online durchführen zu können. Eine rechtsgültige Willenserklärung des Kunden kann in diesem Zusammenhang durch die Verwendung einer digitalen Signatur erfolgen. Die Police und die Versicherungsbedingungen können im Anschluss ebenfalls in elektronischer Form übertragen werden.[301]

Allerdings müssen diesbezüglich die derzeit noch existierenden technischen und rechtliche Hindernisse überwunden werden.[302]

Alternativ dazu sollte es dem Kunden frei gestellt sein, den Vertragsabschluss auch über einen anderen Vertriebskanal zu vollziehen. Voraussetzung hierfür ist ein konsistenter kanalübergreifender Bestand der persönlichen Daten des Kunden.[303]

---

[298] vgl. Lödel, D.: Produktberatung in einem Angebotssystem, a.a.O., S. 23
[299] vgl. Hagge, K.: Informations-Design, a.a.O., S. 167
[300] siehe hierzu auch die Kundentypen-Matrix in Kap. 5.2
[301] vgl. Schneider, C.: E-Commerce in formalen Fesseln, in: VW, (56) 2001, S. 1499 f.
[302] siehe hierzu: Schneider, C.: E-Commerce in formalen Fesseln, a.a.O., S. 1499 ff.
[303] vgl. Rotz, B. v.: Customer Centricity – Mit vereinten Kräften, in: IT Management, Heft 1 / 2002, S. 30 f.

6.2.4 Virtuelle personifizierte Versicherungsberater

Ein virtueller Versicherungsberater ist ein Softwaremodul in Gestalt einer virtuellen Person, das als Intermediär zwischen Kunde und Informationsangebot einer Website fungiert. [304]

Analog zu einem Beratungsmodul ist es die Aufgabe eines virtuellen Versicherungsberaters, im Dialog mit dem Kunden eine Lösung für ein spezifisches Problem zu finden und ihm helfend im Entscheidungsprozess zur Seite zu stehen. [305]

Die Kommunikation zwischen dem Kunden und einem virtuellen Versicherungsberater erfolgt hierbei meist durch Texteingaben in Form natürlicher Sprache. Der Kunde kann demnach seine Fragen und Bedürfnisse in Umgangssprache formulieren und muss sich nicht an einer vorgegebenen Informationshierarchie orientieren. Da sich in diesem Fall die Interaktion auf den Dialog mit dem virtuellen Berater beschränkt, bleibt die Komplexität der Websitestruktur für den Kunden weitgehend verborgen. [306] An dieser Stelle können vor allem bei den Kunden, die über geringes Versicherungsvorwissen und geringes Involvement verfügen, Hemmschwellen reduziert werden. Sie müssen sich nicht mit einer Vielzahl an Navigations- und Interaktionsmöglichkeiten auf der Versicherungswebsite auseinandersetzen. Dadurch wird einer möglichen „Bedienungs-Frustration" entgegengewirkt. [307, 308]

Durch die Personifizierung eines virtuellen Beraters und die natürlichsprachliche Interaktionsform erfolgt eine weitgehende Annäherung an ein persönliches Beratergespräch. Insbesondere können Kunden durch die Mimik und Gestik auch emotional angesprochen werden. Beispielsweise können positive oder negative Mimiken Interesse beim Kunden hervorrufen und ihn dazu motivieren, zusätzliche Informationen einzuholen. [309] Die Interaktion mit ei-

---

[304] In der Praxis wird in diesem Zusammenhang auch von Avataren oder Softwareassistenten gesprochen.
[305] vgl. Slomka, A.: Agentenbasiertes Verwalten mit aktiven Dokumenten am Beispiel der Schadenbearbeitung, Leipzig 1999, S. 11 f.
[306] vgl. Spierling, U. / Pipke, K. / Müller, W.: Virtual Secretary - Konzeption und Visualisierung einer agentenbasierten Benutzeroberfläche für Tätigkeiten im Büro der Zukunft, URL: http://www2.zgdv.de/~ulisp/publ/d_VS_AAA97.pdf, Stand: o.A., Abruf: 05.01.2002, MEZ: 20. 30 Uhr, S. III.72
[307] vgl. Scheybani, A. u.a.: Digital innovations, a.a.O.
[308] vgl. Scheed, B. A.: Informationspräsentation, a.a.O., S. 83
[309] vgl. Spierling, U. u.a.: Virtual Secretary, a.a.O., S. III.73

nem virtuellen Berater kann folglich zur Erhöhung des Involvement beim Kunden führen.

Gleichzeitig kann das Vertrauen in Verbindlichkeit und Relevanz der Aussagen des virtuellen Beraters gesteigert werden, wenn der Kunde ihn als Versicherungs-Experten betrachtet.[310]

Da im derzeitigen Entwicklungsstadium noch Mängel bei der Interpretation natürlicher Sprache durch intelligente Softwaremodule auftreten,[311] besteht die alternative Möglichkeit, den virtuellen Berater direkt an ein Call-Center anzubinden.[312] Der Kunde kommuniziert in diesem Fall mit einem fachlich kompetenten Call-Center-Mitarbeiter. Obwohl es sich hierbei um eine persönlich Beratung handelt, muss der Kunden nicht auf seine Anonymität verzichten. Hierdurch kann wiederum die Situationskomplexität reduziert werden.

Eine praktische Umsetzung dieser Kombination wurde von der Victoria-Versicherung AG mit der Rentenberatungs-Website www.FoerderRente.de vorgenommen. (siehe Abbildung 16)

---

[310] vgl. Hagge, K.: Informations-Design, a.a.O., S. 136
[311] vgl. Scheed, B. A.: Informationspräsentation, a.a.O., S. 83
[312] vgl. Scheybani, A. u.a.: Digital Innovations, a.a.O.

Abbildung 16: Virtueller Verischerungsberater
(Quelle: URL: http://www.foerderrente.de, Stand: o.A., Abruf 26.02.2002, MEZ: 11.30Uhr)

Während der Kommunikation kann der virtuelle Berater sowohl in Textform als auch durch direktes Aufrufen spezieller Inhaltsseiten auf die Fragen des Kunden reagieren.[313] Darüber hinaus besteht die Möglichkeit bei komplexeren Interaktionen auf weitere Tools zurückzugreifen.[314] Beispielsweise kann durch den Verweis auf ein Berechnungsmodul die Förderrente sofort berechnet werden.

Ein ähnliches Prinzip wird beim *Shared Browsing* verwendet. Hierbei besteht die Möglichkeit, dass ein Kunde und ein Berater (z.B. ein Call-Center-Mitarbeiter) synchronisiert auf der gleichen Webseite "surfen" und dabei per Chat oder Internet-Telefonie[315] in Verbindung stehen. Der Berater kann

---

[313] Fischer, S.: Web-Interaction mittels Shared Browsing, URL:
http://www.competencesite.com/ecommerceshop.nsf/D27C669B02760661C1256AF0003B7
40B/$File/shared_browsing_usu.pdf,
Stand: März 2001, Abruf 26.02.2002, MEZ: 16.30 Uhr
[314] vgl. Spierling, U. u.a.: Virtual Secretary, a.a.O., S. III.75
[315] Die Internet-Telefonie nutzt das Internet für die Sprachübertragung. Hierfür sind jedoch spezielle Hard- und Softwarekomponenten notwendig. Siehe hierzu: Merle, K.: Internet-Telefonie, URL: http://www.zdv.uni-mainz.de/ak-sys/98/merle/sld001.htm, Stand: 1998, Abruf: 10.03.2002, MEZ: 14.44 Uhr

demnach alle Aktionen des Kunden, wie z.b. die Mouse-Bewegungen oder das Ausfüllen eines Formulars, parallel auf seinem Monitor mitverfolgen und bei auftretenden Problemen sofort eingreifen bzw. Ratschläge geben.

Diese Unterstützungsmechanismen können wiederum insbesondere für schwach-involvierte Kunden mit geringen Versicherungskenntnissen relevant sein, da hier eine zentrale Hilfestellung angeboten wird, die sich sowohl auf Navigationsprobleme als auch auf versicherungsfachliche Fragen beziehen kann.

Folgende Grafik zeigt die parallelen Bildschirmansichten bei Kunde und Berater während des shared browsing. Durch die Verwendung von Hinweispfeilen sind die Aktionen des Beraters für den Kunden eindeutig nachvollziehbar.

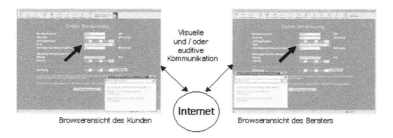

Abbildung 17: Shared Browsing
(Quelle: in Anlehnung an Fischer, S.: Web-Interaction mittels Shared Browsing, URL: http://www.competencesite.com/ecommerceshop.nsf/D27C669B02760661C1256AF0003B7 40B/$File/shared_browsing_usu.pdf, Stand: März 2001, Abruf 26.02.2002, MEZ: 16.30 Uhr)

6.3 Zusammenfassung und Schlussfolgerungen

Im Kapitel 6 wurden Maßnahmen und Mechanismen vorgestellt, die im Rahmen eines Webauftritts eingesetzt werden können, um Kunden im Kaufprozess zu unterstützen. Da eine abschließende Aufzählung aller Möglichkeiten an dieser Stelle nicht erfolgen kann, wurde insbesondere auf Maßnahmen und Mechanismen fokussiert, die eine besondere komplexitätsreduzierende Wirkung für bestimmte Kundentypen aufweisen. Die stark variierenden Kaufverhalten einzelner Kundentypen bedingen dabei einen hohen Flexibilitätsgrad der Maßnahmen und Mechanismen. Gleichzeitig müssen diese so gestaltet werden, dass durch ihre Benutzung keine zusätzliche Komplexität verursacht wird. Darüber hinaus sollten die beschriebenen Maßnahmen und Mechanismen nicht nur in sich schlüssig sein, sondern auch aufeinander abgestimmt werden, um tatsächlich komplexitätsreduzierend wirken zu können.

Letztendlich ist eine sinnvolle Integration in das unternehmerische Gesamtkonzept notwendig, um langfristig zur Vertriebsunterstützung beitragen zu können. Im Folgenden werden Ansatzpunkte und Voraussetzungen für eine solche Integration aufgezeigt.

7 Ansatzpunkte für die Integration der beschriebenen Maßnahmen in das unternehmerische Gesamtkonzept

7.1 Einordnung in den Dienstleistungsprozess

Der Fokus dieser Arbeit lag auf der Unterstützung des Kunden im Kaufprozess bis zum Zeitpunkt der Kaufentscheidung. Dem Kaufprozess aus Kundensicht steht der Dienstleistungsprozess aus Unternehmenssicht gegenüber, da der Kunde im Kaufprozess Dienstleistungen des Versicherungsunternehmens in Anspruch nimmt (siehe Abbildung 18).

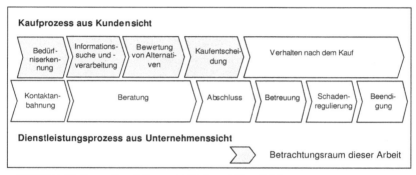

Abbildung 18: Gegenüberstellung von Kauf- und Dienstleistungsprozess
(Quellen: eigene Darstellung in Anlehnung an Kotler, P. / Bliemel, F.: Marketing Management, a.a.O., S. 309 und Köhne, T.: Auf den Weg zum kundenindividuellen Marketing: Erfolgsfaktoren des Target Marketing in der Assekuranz, Versicherungswirtschaft (53) 1998, Heft 10, S. 671)

Hierbei wird deutlich, dass die Geschäftsbeziehung des Versicherungsunternehmens zum Kunden nicht auf den Kaufprozess beschränkt ist, sondern auch vor- und nachgelagerte Prozesse umfasst. Die im vorangegangenen Kapitel vorgestellten Instrumente dienen in erster Linie zur Unterstützung des Vertriebs. Neben dem eigentlichen Vertrieb von Versicherungsprodukten ist die Kundenbindung ein wesentliche Unternehmensaufgabe,[316] weil der Wert einer Kundenbeziehung mit wachsender Kundenbindung steigt. Ursache hierfür ist die Amortisierung der Akquisitionskosten im Zeitverlauf und das aus der Kundenbeziehung resultierende Cross- und Up-Selling-Potenzial.[317]

---

[316] vgl. Koch, G.: Kundenorientierte Informatiksysteme (Smart Selling Software-Systems), in: Versicherungswirtschaft, (53) 1998, S. 1125-1127
[317] vgl. Gericke, S.: Customer Relationship Management in der Assekuranz, a.a.O., S. 21 f.

An dieser Stelle wird deutlich, dass nur die Kombination vertriebsunterstützender Maßnahmen mit Maßnahmen zur Kundenbindung den wirtschaftlichen Erfolg eines Unternehmens sicherstellt.

Kundenbindung kann dabei in allen Phasen des Dienstleistungsprozesses hergestellt werden. Insbesondere die Qualität der Schadenbearbeitung hat großen Einfluss auf die Kundenbindung, weil sich im Schadensfall das bisher abstrakte Leistungsversprechen des Versicherers konkretisiert.[318]

7.2 Einordnung in den Marketing-Mix

Die Gestaltung des Dienstleistungsprozesses wird durch den Marketing-Mix des Versicherungsunternehmens determiniert. „Der Marketing-Mix ist die Kombination aus den Marketinginstrumentarien, die das Unternehmen zur Erreichung seiner Marketingziele auf dem Zielmarkt einsetzt."[319]

Folgende Instrumentarien können dabei unterschieden werden:

- die Produktpolitik
- die Preispolitik,
- die Kommunikationspolitik,
- die Distributionspolitik. [320]

Die in dieser Arbeit dargestellten Maßnahmen und Mechanismen zur Vertriebsunterstützung sind der Distributions- und Kommunikationspolitik eines Versicherungsunternehmens zuzuordnen.

Zentrale Aufgabe der Distributionspolitik ist die Auswahl der Vertriebskanäle unter dem Fokus Effizienz und Kundenorientierung.[321] Diese Auswahl wird durch die Betrachtung des Vertriebskanals Internet vorgenommen.

Kommunikationspolitik beschreibt den gezielten Einsatz von Kommunikationsinstrumenten, um Meinungen, Vorstellungen, Erwartungen und Verhaltensweisen des Kunden gegenüber dem Versicherungsunternehmen zu beeinflussen.[322] Die in Kapitel 6 dargestellten Instrumente zur Vertriebsunterstützung stellen solche Kommunikationsinstrumente dar. Ihr Einsatz soll das

---

[318] vgl. Gericke, S.: Customer Relationship Management in der Assekuranz, a.a.O., S. 65
[319] Kotler, P. / Bliemel, F.: Marketing-Management, a.a.O., S. 141
[320] vgl. ebenda, S. 142
[321] vgl. Gericke, S.: Customer Relationship Management in der Assekuranz, a.a.O., S. 90
[322] vgl. Gericke, S.: Customer Relationship Management in der Assekuranz, a.a.O., S. 609

Produktverständnis des Kunden fördern und ihm dadurch die Eignung des Produktes zur Befriedigung seines Bedarfs verdeutlichen.

Die marketingpolitischen Instrumentarien bieten weitere Ansatzpunkte zur Komplexitätsreduzierung im Kaufprozess. Insbesondere Produkt- und Preisgestaltung haben eine große Wirkung auf das Komplexitätsempfinden einzelner Kunden.

7.3 Komplexitätsrelevante Gestaltungsfragen im Marketing-Mix

7.3.1 Produktpolitik

Die Produktpolitik umfasst alle Fragen der Produktgestaltung. Dabei handelt es sich sowohl um materiell-inhaltliche als auch um formale Gestaltungsfragen.[323]

Wenn bereits bei der Produktgestaltung die verschiedenen intellektuellen Fähigkeiten und Kaufverhalten der Kunden berücksichtigt werden, kann schon im Vorfeld die Wahrscheinlichkeit aufkommender Komplexität verringert werden.[324] In diesem Zusammenhang wird zwischen Spezialisierung und Generalisierung in der Produktgestaltung unterschieden.[325] Generalisierung bedeutet dabei die Integration verschiedener Risikodeckungen in ein Versicherungsprodukt. Damit können insbesondere Kunden angesprochen werden, die über geringe Versicherungskenntnisse und / oder geringes Involvement verfügen. An dieser Stelle sei auch auf die aktuelle Diskussion sogenannter „Problemlösungen" verwiesen, die sich auf spezielle Kundensituationen beziehen.[326]

Demgegenüber steht die Spezialisierung. Dabei bestimmt der Kunde selbst explizit, welche Risiken er durch Versicherungsprodukte abdeckt und in welchem Umfang dies geschieht.[327] Die zugrunde liegende Einschätzung der eigenen Risikosituation und dafür geeigneter Produkte setzt gewisse Versi-

[323] vgl. Farny, D.: Versicherungsbetriebslehre, a.a.O., S. 587 f.
[324] vgl. ebenda, S. 588
[325] vgl. ebenda, S. 588
[326] siehe hierzu: Koch, G. / Andernacht, D. / Mühl, M.: Der Kunde in der New Economy, in: Versicherungswirtschaft, (56) 2001, S. 628-635
[327] vgl. Farny, D.: Versicherungsbetriebslehre, a.a.O., S. 588

cherungskenntnisse und intellektuelle Fähigkeiten voraus. An dieser Stelle sei auch auf das sogenannte „Bausteinprinzip" verwiesen.[328]

Im Rahmen der Produktgestaltung ist auch die Kopplung von Versicherungsschutz an sogenannte „High-Interest-Produkte" denkbar, die zu einer Erhöhung des Involvement des Kunden führen kann.

Formale Fragen der Produktgestaltung betreffen insbesondere die Ausgestaltung der Versicherungsvertragsbedingungen. Hierbei ist im Sinne der Reduzierung von Informationskomplexität vor allem auf Eindeutigkeit und Verständlichkeit zu achten.[329]

7.3.2 Preispolitik

Die Preispolitik (Prämienpolitik) als Instrumentarium im Marketing-Mix bestimmt die Preisbildung für die Produkte eines Versicherungsunternehmens. Sie steht im engen Zusammenhang zur Produktgestaltung.[330] In diesem Bezug wird häufig das Stichwort „Preis-Leistungs-Verhältnis" verwendet.[331] Für das Verständnis dieses Preis-Leistungs-Verhältnisses ist es notwendig, dass der Kunde bestehende Korrelationen zwischen Preis und Leistungskomponenten erkennt und nachvolziehen kann.

Ein wichtiges Element der Preisgestaltung ist die Wahl zwischen konstanten und variablen Prämien. Obwohl konstante Prämien eher dem idealtypischen Versicherungsprinzip entsprechen, findet man in der Praxis häufig variable Prämien. Dies ist aus betriebswirtschaftlichen Gründen notwendig, um dynamischen Risiken, Kundenbedürfnissen und Schadenerwartungswerten Rechnung zu tragen.[332] Im Hinblick auf die ‚Komplexität' von Versicherungsprodukten ist anzunehmen, dass konstante Preise tendenziell weniger Komplexität verursachen als variable Preise.

---

[328] siehe hierzu: Wagner. F.: Gestaltung von Versicherungsprodukten nach dem Bausteinprinzip, in: Versicherungswirtschaft, (56) 2001, S. 818-822 und 916-920
[329] vgl. Farny, D.: Versicherungsbetriebslehre, a.a.O., S. 589
[330] vgl. ebenda, S. 591
[331] vgl. ebenda, S. 592
[332] vgl. ebenda, S. 598

7.3.3 Kommunikationspolitik

Kommunikationspolitische Maßnahmen zur Unterstützung des Vertriebs ‚komplexer' Versicherungsprodukte wurden ausführlich im Kapitel 6 dieser Arbeit behandelt. Dabei erfolgte eine Fokussierung auf den Vertriebskanal Internet. Um das Internet tatsächlich zu einem erfolgreichen Kanal für Vertrieb und Vertriebsunterstützung zu machen, ist es notwendig die Aufmerksamkeit der Kunden auf die Unternehmenswebsite zu lenken.

An dieser Stelle wird neben der Absatzförderung (Vertriebsunterstützung) ein weiteres wesentliches Element der Kommunikationspolitik eines Versicherungsunternehmens deutlich – die Absatzwerbung.[333]

Hierbei ist insbesondere die aktive Bewerbung des Vertriebskanals Internet und seiner Möglichkeiten zur Kundenunterstützung angesprochen. Dies kann sowohl über Online- als auch über Offline-Medien geschehen.

Beispiele hierfür sind Bannerwerbungen im Internet oder die Werbung mit Hilfe klassischer Printmedien.

7.3.4 Distributionspolitik

Wie bereits beschrieben, besteht die zentrale Aufgabe der Distributionspolitik in der Auswahl der Vertriebskanäle unter dem Fokus Effizienz und Kundenorientierung. Im Sinne der Kundenorientierung und zur Sicherstellung des Erfolgs der in Kapitel 6 beschriebenen vertriebsunterstützenden Maßnahmen sei an dieser Stelle das sogenannte Multi-Channel-Management angesprochen. Multi Channel Management bedeutet die Integration aller Vertriebskanäle eines Versicherungsunternehmens und deren koordiniertes Management. Ziel dabei ist es, jedem Kunden jederzeit dem von ihm präferierten Vertriebskanal anbieten zu können.[334]

Für die Vertriebsunterstützung im Internet bedeutet das demzufolge nicht nur die Unterstützung des Kaufprozesses bis zur Verkaufsentscheidung, sondern auch die Möglichkeit des Vertragsabschlusses auf der Versicherungswebsite.

---

[333] vgl. Farny, D.: Versicherungsbetriebslehre, a.a.O., S. 609 ff.
[334] siehe hierzu: Fischer, K.: Vertriebswege-Management, in: Versicherungswirtschaft, (54) 1999, S. 1627-1631

Darüber hinaus sollten After-Sales-Aktivitäten wie Schadenmeldungen oder die Änderung persönlicher Daten im Internet ermöglicht werden.[335] Voraussetzung hierfür ist die vollständige Integration aller Prozesse im Bezug auf den genutzten Vertriebskanal.[336]

Parallel dazu muss es dem Kunden jederzeit möglich sein, zu einem anderen Vertriebskanal zu wechseln. Der Kunde erwartet dabei, unabhängig vom jeweiligen Vertriebskanal, ein gleichbleibend hohes Niveau der Informationsbereitstellung, des Services und der Transaktionen, sowie einen konsistenten kanalübergreifenden Bestand seiner persönlichen Daten.[337, 338] Eine solche Synchronisation der bestehenden Vertriebskanäle kann nur durch die Möglichkeit des zentralen Zugriffs auf sämtliche Kundendaten ermöglicht werden.[339] Eine weitere wesentliche Voraussetzung hierfür ist die Abstimmung aller eingesetzten Vertriebskanäle aufeinander und deren koordiniertes Management.[340]

---

[335] vgl. Birnbach, K. / Gruhn, V. / Reith, H.: Vertriebswegemanagement und Kundenorientierung, in: Versicherungswirtschaft (55) 2000, S. 1404

[336] vgl. Gericke, S.: Customer Relationship Management in der Assekuranz, a.a.O., S. 31

[337] vgl. Rotz, B. v.: Customer Centricity – Mit vereinten Kräften, in: IT Management, Heft 1 / 2002, S. 31

[338] vgl. Birnbach, K. / Gruhn, V. / Reith, H.: Vertriebswegemanagement, a.a.O., S. 1400

[339] vgl. Rotz, B.v.: Customer Centricity, a.a.O., S. 31

[340] vgl. Fischer, K.: Vertriebswege-Management, in: Versicherungswirtschaft, (54) 1999, S. 1629

8 Zusammenfassung und Ausblick

Wie in den vorangegangenen Kapiteln dargestellt wurde, ist die kundenindividuelle Komplexitätsreduzierung eine wichtige Voraussetzung für die Vertriebsunterstützung im Internet. Dazu wurden im Kapitel 6 verschiedene Instrumente vorgestellt, die in Abhängigkeit vom jeweiligen Kundentypen komplexitätsreduzierend wirken können.

Neben generellen Eigenschaften des Internets mit komplexitätsreduzierendem Potenzial wurden folgende wichtige Instrumente und Maßnahmen zur Komplexitätsreduzierung identifiziert:

1. die Gestaltung der Benutzerschnittstelle im Hinblick auf Navigation, Informationspräsentation, Interaktion und Konsistenz
2. der Einsatz von Personalisierungsmechanismen auf Basis von Kundenprofilen
3. der Einsatz von Beratungsmodulen zur individuellen Unterstützung des Kunden im Kaufprozess
4. der Einsatz personifizierter virtueller Versicherungsberater zur Vereinfachung der Interaktion und zur Annäherung an ein persönliches Beratungsgespräch

Um den Erfolg dieser Maßnahmen zu gewährleisten, sind diese aufeinander abzustimmen und kundenindividuell einzusetzen.

Darüber hinaus ist eine sinnvolle Verknüpfung mit dem Marketing-Mix des Versicherungsunternehmens zweckmäßig. Wenn bereits im Rahmen der Produkt- und Preispolitik potenziell komplexitätserzeugende Gestaltungselemente vermieden werden, ermöglicht das den Erfolg dar dargestellten Maßnahmen. Ein weiteres wichtiges Ziel in diesem Zusammenhang ist die Kundenbindung, denn erst, wenn es gelingt, den Kunden nach dem Abschluss zu halten, kann sich das (finanzielle) Wertpotenzial einer Kundenbeziehung realisieren.

Abschließend lässt ein Blick in die Zukunft des Internet als Vertriebskanal eine immer stärkere Annäherung an persönliche Beratungsgespräche vermuten. Es ist davon auszugehen, dass insbesondere Weiterentwicklungen auf dem Gebiet der künstlichen Intelligenz und der natürlichsprachlichen Mensch-Maschine-Kommunikation zu einer steigenden Individualisierung der Informationsbereitstellung im Internet führen werden.

Anhang

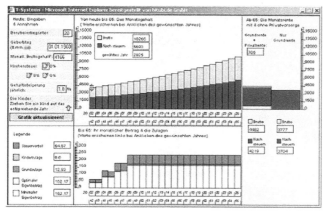

Abbildung 19: Sreenshot visuelle interaktive Rentensimulation
(Quelle: URL: http://www.t-systems.de/tsystems/kontakt_tsystems_rente/1,10934,,00.html,
Abruf: 12.03.2002, MEZ: 15.23 Uhr)

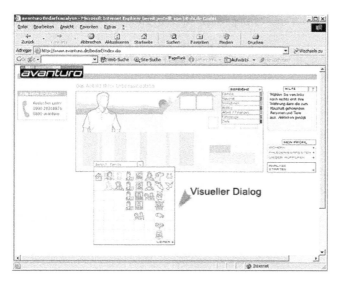

Abbildung 20: Screenshot visuelles Beratungsmodul
(Quelle: URL: http://www.avanturo.de/bedarf/index.do,
Abruf: 12.03.2002, MEZ: 15.23 Uhr)

Literaturverzeichnis

Adelt, P. / Dehm, H. / Schulte, K.: Internetmarketing für Banken und Versicherer, Köln 1999

Altenburger, R.: Sind Versicherungsprodukte für Electronic Business ungeeignet ?, in: Zeitschrift für die gesamte Versicherungswissenschaft, Nr. 4 / 2001, S. 625-633

Anton, W.: Gesprächsführung in Verkaufsgesprächen - unter dem besonderen Aspekt der Beratung, Lüneburg 1989

Bänsch, A.: Käuferverhalten, 5. Aufl., München u.a. 1993

Birnbach, K. / Gruhn, V. / Reith, H.: Vertriebswegemanagement und Kundenorientierung, in: Versicherungswirtschaft (55) 2000, S. 1400-1405

Bliemel, F. / Fassott, G. / Theobald, A.: Electronic Commerce, Wiesbaden 1999

Bosselmann, E.H.: Versicherungsmakler und deregulierte Versicherungsmärkte, Frankfurt a. M. 1993

Bögerl, G. / Höhl, M. / Meyer, H.: Entwurf einer WWW-basierten Produktberatungskomponente für ein Unternehmen der Softwarebranche, Erlangen u.a. 1998

Bruhn, M.: Multimedia-Kommunikation, München 1997

Deutsch, M.: Electronic Commerce, 2. Aufl., Braunschweig / Wiesbaden 1999

Edelmann, W.: Lernpsychologie, 6. Aufl., Weinheim 2000

Erdmann, G.: Individuelle Risikovorsorgeberatung, Wiesbaden 1999

Farny, D.: Versicherungsbetriebslehre, 2. Aufl., Karlsruhe 1995

Fischer, K.: Vertriebswege-Management, in: Versicherungswirtschaft, (54) 1999, S. 1627-1631

Gericke, S.: Customer Relationship Management in der Assekuranz unter besonderer Berücksichtigung neuer Verfahren und moderner Informationstechnologien, Karlsruhe 2001

Goldammer, G.: Informatik für Wirtschaft und Verwaltung, 1. Auflg., Wiesbaden 1994

Hagge, K.: Informations-Design, Heidelberg 1994

Haller, M.:, Produkt- und Sortimentsgestaltung, in: Handwörterbuch der Versicherung HdV, hrsg. von Farny, D. u.a., Karlsruhe 1988, S. 561-567

Heinsen, A.: Privatkundenprodukte, Karlsruhe 2001

Jänsch, N.: Mikrogeographische Marktsegmentierung in der Versicherungswirtschaft, Wiesbaden 1995

Knappe, H. J.: Informations- und Kaufverhalten unter Zeitdruck, Frankfurt a. M. 1981

Koch, G. / Andernacht, D. / Mühl, M.: Der Kunde in der New Economy, in: Versicherungswirtschaft, (56) 2001, S. 628-635

Koch, G.: Kundenorientierte Informatiksysteme (Smart Selling Software-Systems), in: Versicherungswirtschaft, (53) 1998, S. 1127-1129

Köhne, T.: Auf den Weg zum kundenindividuellen Marketing: Erfolgsfaktoren des Target Marketing in der Assekuranz, Versicherungswirtschaft, (53) 1998, S. 668-676

Köhne, T. / Koch, G.: Die Virtuelle Versicherung – ein Phänomen zwischen Organisationsform, Electronic Commerce und Virtueller Realität, in: Versicherungswirtschaft, (54) 1999, S. 1820-1828

Köhne, T.: Zur Konzeption des Versicherungsproduktes – neue Anforderungen in einem deregulierten Markt, in: Zeitschrift für die gesamte Versicherungswissenschaft, Heft 1 / 2 1998, S. 143-191

Kollmann, T.: Elektronische Marktplätze - Die Notwendigkeit eines bilateralen One to One-Marketingansatzes, in: Electronic Commerce, hrsg. von Bliemel, F. u.a., Wiesbaden 1999, S. 211-232

Kölnische Rück (Hrsg.): Presseschau vom 13.06.2000

Kortzfleisch, H. F. O. / Nünninghoff, K. / Winand, U.: Ansatzpunkte für die Entwicklung haushaltsgerechter Benutzeroberflächen beim Einsatz neuer Medien- und Kommunikationssysteme an der Kundenschnittstelle, in: Wirtschaftsinformatik (39) 1997, Heft 3, S. 253-261

Kotler, P. / Bliemel, F.: Marketing Management, 8. Aufl., Stuttgart 1995

Kriesel, K.: Und jetzt ganz ohne Player, in: Streaming Business Magazin, Nr. 04 / 2002, S. 46-47

Kroeber-Riel, W.: Konsumentenverhalten, 5. Aufl., München 1992

Kupsch, P. / Hufschmied, P.: Wahrgenommenes Risiko und Komplexität der Beurteilungssituation als Determinanten der Qualitätsbeurteilung, in: Konsumentenverhalten und Information, hrsg. von Meffert, H. u.a., Wiesbaden 1979, S. 225-253

Lödel, D.: Produktberatung in einem Angebotssystem unter besonderer Berücksichtigung der Kundentypologie, Erlangen / Nürnberg 1994

Manhartsberger, M. / Musil, S.: Web Usability, 1. Aufl., Bonn 2001

Mertens, M.: Kundentypologie im Versicherungsgeschäft mit Privatkunden, Bergisch Gladbach / Köln 1992

Mertens, P.: Für Sie gelesen: Resnick, B., Varian, H. R.: Recommender Systems, in: Wirtschaftsinformatik (39) 1997, Heft 4, S. 401-404

Mertens, P.: Neuere Entwicklungen des Mensch-Computer-Dialogs in Berichts- und Beratungssystemen, in: Zeitschrift für betriebswirtschaftliche Forschung, (64) 1994, S. 35-36

Meyer, J.: Visualisierung von Informationen, Wiesbaden 1999

o.V.: Bundesdatenschutzgesetz (BDSG) der Bundesrepublik Deutschland vom 20.12.1990, letzte Änderung: 20.12.2001

o.V.: Sozialgesetzbuch V der Bundesrepublik Deutschland, § 5

o.V.: Teledienst-Datenschutzgesetz der Bundesrepublik Deutschland vom 01.08.1997

Probst, G. / Raub, S. / Romhardt, K.: Wissen managen, 3. Aufl., Wiesbaden 1999

Reither, F.: Komplexitätsmanagement – Denken und Handeln in komplexen Situationen, München 1997

Riedl, J.: Rahmenbedingung der Online-Kommunikation, in: Electronic Commerce, hrsg. von Bliemel, F. u.a., Wiesbaden 1999, S. 261-280

Rotz, B. v.: Customer Centricity – Mit vereinten Kräften, in: IT Management, Heft 1 / 2002, S. 30-31

Scheed, B. A.: Informationspräsentation in Marketing Decision Support Systemen, München 2000

Scheybani, A. / Saigne, F. / Schmoecker, C.: Digital innovations for a new Media World, Präsentation anlässlich des New Economy Circle am 17.01.2002, Leipzig 2002

Schneider, C.: E-Commerce in formalen Fesseln, in: VW, (56) 2001, S. 1499-1501

Schroder, H. M. / Driver, M. J. / Streufert, S.: Menschliche Informationsverarbeitung, Weinheim u.a. 1975

Schubert, P.: Virtuelle Transaktionsgemeinschaften im Electronic Commerce, Lohmar / Köln 1999

Schulz, R.: Fallbasierte Entscheidungsunterstützende Systeme – ein Ansatz zur Lösung betrieblicher Entscheidungsprobleme, Leipzig 1998

Silberer, G.: Verwendung von Güterinformationen im Konsumentenbereich, in: Konsumentenverhalten und Information, hrsg. von Meffert, H. u.a., Wiesbaden 1979

Slomka, A.: Agentenbasiertes Verwalten mit aktiven Dokumenten am Beispiel der Schadenbearbeitung, Leipzig 1999

Sponholz, U.: Die Effizienz von Grafiken und Tabellen bei der Darstellung komplexer betriebswirtschaftlicher Beurteilungsprobleme, Frankfurt a. M. u.a. 1997

Stähler, P.: Geschäftsmodelle in der digitalen Ökonomie, Lohmar / Köln 2001

Stolpmann, M.: Kundenbindung im E-Business: Loyale Kunden - nachhaltiger Erfolg, Bonn 2000

Tölle, K.: Das Informationsverhalten der Konsumenten, Frankfurt a. M. 1983

Trommsdorff, V.: Konsumentenverhalten, 3. Aufl., Stuttgart u.a. 1998

Wagner. F.: Gestaltung von Versicherungsprodukten nach dem Baustein-prinzip (I), in: Versicherungswirtschaft, (56) 2001, S. 818-822

Wagner. F.: Gestaltung von Versicherungsprodukten nach dem Baustein-prinzip (II), in: Versicherungswirtschaft, (56) 2001, S. 916-920

Weizsäcker, E. U. v.: Erstmaligkeit und Bestätigung als Komponenten der Pragmatischen Information, in: Offene Systeme: Beiträge zur Zeitstruktur, Entropie und Evolution, hrsg. von E. U. v. Weizsäcker, 2. Aufl., Stuttgart 1986

Zellweger, P.: Webbased Sales: Defining the Cognitive Buyer, in: SCN Edu-cation B.V. (Hrsg): Webvertising, Braunschweig / Wiesbaden 2000

Verzeichnis der Internetquellen

Blumstengel, A.: Entwicklung hypermedialer Lernsysteme,
URL: http://dsor.uni-paderborn.de/de/forschung/publikationen/blumstengel-diss/,
Stand: 1998, Abruf: 10.03.2002. MEZ: 22.41 Uhr

CSC Ploenzke AG (Hrsg.): Unterschiede im Internetauftritt von Versicherungen,
URL:
http://www.cscploenzke.de/de/press/20020129_internetauftritt_versicherungen/index.
cfm, Stand: 22.01.2002, Abruf: 03.02.2002, MEZ 22.30 Uhr

Fischer, S.: Web-Interaction mittels Shared Browsing,
URL:
http://www.competencesite.com/ecommerceshop.nsf/D27C669B02760661C1256AF0
003B740B/$File/shared_browsing_usu.pdf,
Stand: März 2001, Abruf 26.02.2002, MEZ: 16.30 Uhr

Focus Magazin Verlag GmbH (Hrsg.): Communication Networks 5.0,
URL:
http://medialine.focus.de/PM1D/PM1DC/PM1DCB/DOWNLOAD/cn5_codeplan.pdf,
Stand: 2001, Abruf: 20.02.2002, MEZ: 00.08 Uhr

Hoffmann, N. / Reimelt, G. H. / Sudhoff, W. / Senn, J.: Design von komplexen Interaktionsflächen in Internet-Anwendungen,
URL: http://www.uni-karlsruhe.de/~urd0/Glossar2.htm, Stand: 2000, Abruf:
20.02.2002, MEZ: 20.15 Uhr

Kerres, M.: Didaktische Konzeption multimedialer und telemedialer Lernumgebun-
gen,
URL: http://www.tele-ak.fh-furtwangen.de/angebot-frei/begleitmaterial/dk-mmtl.pdf
Stand: 1999, Abruf: 21.02.2002, MEZ: 14.32 Uhr

Leßweng, H.: Computergestützte Tabellenkalkulation am Beispiel von Microsoft Excel, URL: http://www-bior.sozwi.uni-kl.de/bior/lehre/vorles/pal/info/unterlagen/download2001/PAL_Tabelle_1.pdf, Stand 2001, Abruf: 04.03.2001, MEZ: 16.27 Uhr

Merle, K.: Internet-Telefonie, URL: http://www.zdv.uni-mainz.de/aksys/98/merle/sld001.htm, Stand: 1998, Abruf: 10.03.2002, MEZ: 14.44 Uhr

Munzer, I.: Mikrogeographische Marktsegmentierung im Database Marketing von Versicherungsunternehmen, URL: http://www.dissertation.de/PDF/im254.pdf, Stand: o.A., Abruf: 23.01.2002, MEZ: 19.12 Uhr

NFO Infratest (Hrsg.): Europa im Internet, URL: http://www.ecommerce-trends.de/0143_04.htm, Stand: 25.10.2001, Abruf: 14.03.2002, MEZ: 17.21 Uhr

o.V.: Data Mining – eine Einführung, URL: http://www.database-marketing.de/miningmining.htm, Stand: 2000, Abruf: 14.03.2002, MEZ: 12.13 Uhr

o.V.: Online Datenaustausch zwischen Bund und Kantonen - Untersuchungsbericht der Verwaltungskontrolle des Bundesrates der Schweiz, URL: http://www.admin.ch/ch/d/vkb/berichte/29/29ubd-13.html, Stand: 1997, Abruf: 23.02.2002, MEZ: 19.33 Uhr

vgl. o.V.: Stichwortverzeichnis Enzyklopädie, URL: http://encarta.msn.de/find/search.asp?search=methode&x=21&y=10, Stand: o.A., Abruf: 22.01.2002, MEZ: 14.33 Uhr

o.V. : Verwendete Technologien im Data Mining, URL: http://www.iicm.edu/wrichter/thesis-final/node53.html, Stand: 01.10.2001, Abruf: 22.01.2002, MEZ: 19.45 Uhr

Pflüger, J. O.: Mensch-Computer-Interaktion,
URL: http://www.student.unibe.ch:8080/philhist/lehmann/download/mci.pdf,
Stand: 1992, Abruf: 21.02.2002, MEZ: 12.36 Uhr

Roßmanith, T.: Informationsverhalten und Involvement im Internet,
URL: www.ubka.uni-karlsruhe.de/vvv/2001/wiwi/1/1.pdf, Stand: 2001, Abruf:
01.03.2002, MEZ: 21.12 Uhr

Spierling, U. / Pipke, K. / Müller, W.: Virtual Secretary - Konzeption und Visualisierung einer agentenbasierten Benutzeroberfläche für Tätigkeiten im Büro der Zukunft,
URL: http://www2.zgdv.de/~ulisp/publ/d_VS_AAA97.pdf, Stand: o. A., Abruf:
05.01.2002, MEZ: 20.30 Uhr

Diplom.de

Wissensquellen gewinnbringend nutzen

Qualität, Praxisrelevanz und Aktualität zeichnen unsere Studien aus. Wir bieten Ihnen im Auftrag unserer Autorinnen und Autoren Wirtschaftsstudien und wissenschaftliche Abschlussarbeiten – Dissertationen, Diplomarbeiten, Magisterarbeiten, Staatsexamensarbeiten und Studienarbeiten zum Kauf. Sie wurden an deutschen Universitäten, Fachhochschulen, Akademien oder vergleichbaren Institutionen der Europäischen Union geschrieben. Der Notendurchschnitt liegt bei 1,5.

Wettbewerbsvorteile verschaffen – Vergleichen Sie den Preis unserer Studien mit den Honoraren externer Berater. Um dieses Wissen selbst zusammenzutragen, müssten Sie viel Zeit und Geld aufbringen.

http://www.diplom.de bietet Ihnen unser vollständiges Lieferprogramm mit mehreren tausend Studien im Internet. Neben dem Online-Katalog und der Online-Suchmaschine für Ihre Recherche steht Ihnen auch eine Online-Bestellfunktion zur Verfügung. Inhaltliche Zusammenfassungen und Inhaltsverzeichnisse zu jeder Studie sind im Internet einsehbar.

Individueller Service – Gerne senden wir Ihnen auch unseren Papierkatalog zu. Bitte fordern Sie Ihr individuelles Exemplar bei uns an. Für Fragen, Anregungen und individuelle Anfragen stehen wir Ihnen gerne zur Verfügung. Wir freuen uns auf eine gute Zusammenarbeit.

Ihr Team der Diplomarbeiten Agentur

Diplomica GmbH
Hermannstal 119k
22119 Hamburg

Fon: 040 / 655 99 20
Fax: 040 / 655 99 222

agentur@diplom.de
www.diplom.de

www.ingramcontent.com/pod-product-compliance
Lightning Source LLC
LaVergne TN
LVHW092338060326
832902LV00008B/716